人邮体育 儿童身体训练动作指导丛书

中国青少年体能训练师认证参考教材

儿童身体训练动作手册

药球与 BOSU球训练

王 雄·主编

人民邮电出版社

北京

图书在版编目（CIP）数据

儿童身体训练动作手册. 药球与BOSU球训练 / 王雄
主编. -- 北京 ：人民邮电出版社，2020.5
（儿童身体训练动作指导丛书）
ISBN 978-7-115-52006-7

Ⅰ．①儿… Ⅱ．①王… Ⅲ．①儿童－身体训练－手册
Ⅳ．①G808.17-62

中国版本图书馆CIP数据核字(2019)第197242号

免责声明

内 容 提 要

　　"儿童身体训练动作指导丛书"共7册，是中国青少年体能训练师认证参考教材，并得到了全国
体育运动学校联合会的专业推荐。丛书由国家体育总局训练局体能训练中心创建人、负责人王雄主
编，并由多位国内儿童和青少年体能训练专家、体育教育专家和奥运冠军担任专家顾问，旨在帮助
儿童进行正确的动作练习，得到科学的锻炼指导。

　　本书首先介绍了药球和BOSU球的相关内容，包括药球和BOSU球的起源与发展、训练优势、类
型与选择、在儿童身体素质训练中的运用优势以及训练的注意事项等基础知识，然后采用真人示范、
分步骤图解的形式，对近60个训练动作进行了细致讲解，包括动作要点、主要肌肉、训练目标等。
此外，本书还提供了针对不同训练需求的9个训练计划及大部分动作练习的演示视频，旨在帮助儿童
科学锻炼，有效提升体能水平。

◆ 主　编　王　雄
　　责任编辑　林振英
　　责任印制　周昇亮

◆ 人民邮电出版社出版发行　　北京市丰台区成寿寺路 11 号
　　邮编　100164　　电子邮件　315@ptpress.com.cn
　　网址　http://www.ptpress.com.cn
　　北京捷迅佳彩印刷有限公司印刷

◆ 开本：700×1000　1/16
　　印张：7.5　　　　　　　　　　2020 年 5 月第 1 版
　　字数：108 千字　　　　　　　2025 年 3 月北京第 12 次印刷

定价：45.00 元

读者服务热线：(010)81055296　印装质量热线：(010)81055316
反盗版热线：(010)81055315

编委会

主编：王　雄

编委：沈兆喆　刘　蕊　林振英　陈　洋　崔雪原　赵　芮　付子艺　王晓斐　张可盈　高延松　苗　宇　刘　也　朱昌宇

专家顾问成员：

孙文新——全国体育运动学校联合会教育发展委员会主任、幼儿体育分会会长，国家体育总局教练员学院教练员培训部原部长，研究员

张　冰——清华大学体育与健康科学研究中心主任，教授，博士生导师

闫　琪——国家体育总局体育科学研究所研究员，奥运金牌运动员体能教练

李丹阳——中国体育科学学会体能训练分会秘书长，武汉体育学院体能中心主任

张欣欣——北京市史家胡同小学副校长，高级体育教师，国培计划小学体育骨干教师培训指导教师

赫忠慧——北京大学体育与健康研究中心主任、教授，《国家学生体质健康标准》研究组成员，北京体能训练协会副会长兼秘书长

徐建方——国家体育总局体育科学研究所科学健身与健康促进研究中心主任，研究员

史东林——河北体育学院副院长，博士，中国体育科学学会体能训练分会常委

惠若琪——女排奥运冠军，惠基金发起人，元气排球发起人

范忆琳——体操世界冠军，范忆琳体操俱乐部创建人

冯　娟——国家体育总局训练局青少年俱乐部田径、体能训练专家，高级教练

尹晓峰——上海体育科学研究所信息研究中心主任，副研究员，上海市青少年体育协会体适能分会副秘书长

姜天赐——中国儿童中心教育活动部副部长，儿童体育兴趣培养专家

彭庆文——湖南怀化学院体育与健康学院院长，教授，幼儿体育研究专家

杨晓生——华南师范大学体育科学学院原党委书记，体育人文社会学教授

黄　波——华南师范大学体育科学学院副院长，教授，广东省学生体育艺术联合会游泳分会秘书长

唐　芬——广州市黄边小学校长，党支部书记，小学体育高级教师

吕　棣——北京市光明小学体育组组长，小学体育高级教师

张　旒——北京市十一中学一级体育教师，艺术体操国家一级运动员

彭劲枫——深圳市教育督学，深圳市福田区上步小学教科室主任

杨　斌——卡玛效能运动科技创始人，首席技术官，健身专家

谭廷信——"惠运动"智慧校园数字体育平台发起人

吴　东——北京能量学院儿童体能培训机构创始人、首席技术官

刘　派——优思搏体育创始人，儿童教研专家

Randy Huntington——美国著名田径教练，现中国国家田径队苏炳添、陆敏佳等队员主教练

Ken Vick——美国VSP运动表现机构首席专家，美国青少年Spark课程项目技术顾问

致　谢

　　感谢为本丛书的出版做出积极贡献的强大的顾问团队，他们当中有拥有多年教龄的中小学体育教师，也有在一线执教多年的知名教练，还有幼儿体育、儿童兴趣活动、儿童教育实践、体质促进研究、青少年体能训练、青少年运动员科学训练和健身健康等领域的专家学者，他们代表了国内儿童和青少年身体训练领域的领先力量，也感谢其他国内同仁对这个领域的研究和实践所做的贡献。感谢人民邮电出版社有限公司对儿童和青少年体育领域的全力支持，感谢灌木拍摄团队的精心准备和辛勤付出，感谢本书的编委团队，我们一直在努力做好每一处细节，力争给大家提供一份可参考的材料。大家一起努力共同推进国内儿童和青少年训练领域的健康发展。

　　本丛书尚存在诸多不足之处，但这套1.0版本仅仅是开始，未来我们将会吸收更多的内容、理念，在细节上持续打磨和完善。此外，早在2013年我查阅市面上的儿童青少年体能训练资料的时候，就发现相关方面的研究资料及参考书极其有限，作为专业人员必须拥有的使命感促使我下决心编写一套能为儿童和青少年体育活动实践者提供帮助的材料，现在既然已经开始，我就会继续下去、不断升级，逐步打造出一系列科学、全面、实用的儿童和青少年身体训练动作指导手册！恳请所有读者向我们提出宝贵的建议！

　　科学发展观，少年中国梦。期待本丛书能够为国内儿童和青少年的身体训练发展带来一些促进和益处，让孩子提升生命质量，形成终身运动的好习惯，实现我们的共同目标："一切为了孩子，为了孩子的一切，为了一切孩子！"

丛书推荐序

2019年9月2日，国务院印发了《体育强国建设纲要》（以下简称《纲要》），体育强国梦有了明确的时间表和路线图。这份激动人心的体育强国建设规划从多个层次对青少年体育发展进行了清晰的表述，指出要充分发挥体育在建设社会主义现代化强国新征程中的作用。而儿童青少年体育乃是发展之本，国运兴需要体育兴，少年强才能国强。

这份一直规划到2050年的《纲要》在其"战略目标"中提到"青少年体育服务体系更加健全，身体素养显著提升，健康状况明显改善"。在其"战略任务"中提到"将促进青少年提高身体素养和养成健康生活方式作为学校体育教育的重要内容，把学生体质健康水平纳入政府、教育行政部门、学校的考核体系，全面实施青少年体育活动促进计划"。在《纲要》的解读中，进一步提到了"青少年体育发展促进工程"，将要"构建社会化、网络化的青少年体育冬夏令营体系，开展青少年体育技能培训，使青少年掌握2项以上运动技能；丰富青少年体育赛事活动，形成一批具有较大影响的社会精品赛事活动；构建青少年体育社会组织管理和支持体系，促进青少年体育俱乐部、青少年户外体育活动营地等发展。实施青少年体育拔尖人才建设工程，推动体校特色运动队、俱乐部运动队、大中小学运动队及俱乐部建设。进一步发挥体校和社会俱乐部培养竞技体育后备人才的优势。落实教练员培养规划，实施教练员轮训，提高青少年体育教练员水平"。《纲要》将在接下来的时间里，进一步引领我们的青少年体育事业的发展。

我在体育行业工作四十五年，工作方向从全民健身到竞技体育再到青少年体育，现所在的全国体育运动学校联合会的主要工作宗旨是：团结和推动全国各级各类体育运动学校、青少年体育俱乐部等会员单位的建设与发展，为提高青少年身体素质、培养输送高水平竞技体育后备人才和为社会培养合格的体育专业人才服务，努力为各类青少年体育组织提供一个发展和交流平台，推动中国儿童青少年体育事业发展，促进体育强国和健康中国建设。对于儿童青少年的成长发展来说，体育运动在其中扮演着重要的角色。体育运动能够提升身体素质，促进身体健康和脑力发展，同时培养运动精神和团队精神，增强抗挫折能力和勇气，让每一个孩子能更好地成长为社会需要的人才。

由王雄老师主编的这两套丛书："儿童身体训练动作指导丛书"和"青少年身体训练动作指导丛书"，其编委会集合了行业内多位知名的专家顾问，包括儿童青少年领域的科研人员、资深中小学体育教师、一线执教的国家队体能教练和青少年俱乐部的儿童训练专家等，代表了国内儿童青少年身体训练领域的先进力量。丛书的内容体系完整，涵盖广泛，表述清晰，针对6~15岁的儿童和青少年。在目前国内中小学生的完整的身体训练体系还在摸索和构建的背景下，丛书为广大体育和教育领域的工作者，尤其是各级体校教练、小学体育教师以及青少年俱乐部教练提供了针对儿童和青少年体能教育的指导策略和教学模式参考，并帮助其设计适合不同发育水平孩子的身体训练计划，从而达到丰富体育课程内容、全面提升儿童青少年身体素质和健康水平的目标。丛书突出了儿童青少年训练的针对性、规范性和实效性，丰富了青少年运动训练的多样化方式，可作为广大家长、体育教师、教练员和体能训练师的参考用书。

在具体内容上，丛书根据不同年龄段儿童青少年的生理和心理发展特征，采用了适用于不同年龄段的身体训练动作和活动方式。例如在儿童徒手练习当中，涵盖了儿童肌肉力量、爆发力、协调性、速度、灵敏反应、柔韧性和能量代谢练习等多个素质类别，还包括大量的动作模式练习、双人配合练习、爬行练习和儿童瑜伽等丰富多彩的实践内容。在形式上，除了提供高质量的动作图片展示之外，还具备通过扫描二维码看视频的功能，可以让读者一目了然地全方位了解动作过程，帮助施教者提供更安全、更科学和更准确的体育教学。

科学发展观，少年中国梦。我仅代表全国体育运动学校联合会衷心将本套丛书推荐给所有儿童青少年的家长、学校体育教师、儿童和青少年身体训练研究人员、从事儿童和青少年体能教育培训的教练或技术人员、相关基层专业队以及青少年俱乐部队伍的教练员。希望丛书能为国内的儿童青少年提供更科学、更安全和更有趣味性的运动指导，帮助孩子们打下坚实的身体运动基础，掌握运动技能，提升运动表现，并享受运动带来的健康和乐趣。

职务：全国体育运动学校联合会教育发展委员会主任，研究员
原任：国家体育总局干部培训中心副主任，国家体育总局教练员学院教练员培训部部长，北京体育大学及河北师范大学的硕士、博士研究生导师

2019 年 10 月 25 日

丛书序

儿童和青少年是祖国的未来，民族的希望。强健儿童和青少年体魄，帮助下一代培养良好的生活习惯和运动精神，有利于其塑造正确的人生观和价值观。

在数字经济和人工智能飞速发展的大时代背景下，我们的身体依然停留在为运动而设计的远古时代。体育运动的意义不仅是闲暇时的消遣，还是人类平衡现代生活习惯和远古人体设定的最有效途径。体育运动对促进儿童和青少年身心的全面协调发展有着不可替代的重要作用，而儿童和青少年体育不仅是所有体育事业的基石，更是发挥教育功能和社会效益的重要工具。致力于发展儿童福利事业的宋庆龄曾呼吁——一切为了孩子，为了孩子的一切，为了一切孩子。这句话精辟凝练，含义深刻，是我们全社会践行儿童青少年体育工作的宗旨。

1. 政府重视，政策支持

青少年体质健康历来受到高度重视，习近平总书记在2014年8月15日看望南京青奥会中国体育代表团时强调，少年强、青年强则中国强。少年强、青年强是多方面的，既包括思想品德、学习成绩、创新能力和动手能力，也包括身体健康、体魄强壮和体育精神。此外，习近平总书记高度重视学校体育工作，在系列讲话中指出，身体是人生一切奋斗成功的本钱，少年儿童要注意加强体育锻炼，家庭、学校、社会都要为少年儿童增强体魄创造条件，让他们像小树那样健康成长，长大后成为建设祖国的栋梁之材。要从娃娃抓起，扎扎实实提高竞技体育水平，持之以恒开展群众体育，不断由体育大国向体育强国迈进。

为扭转当前学生体质健康状况持续下降的趋势，近年来，党中央和政府陆续发布了多项政策指令。2007年中共中央、国务院印发《关于加强青少年体育增强青少年体质的意见》(中发〔2007〕7号)；2012年国务院办公厅转发教育部等部门《关于进一步加强学校体育工作的若干意见》的通知(国办发〔2012〕53号)；2013年十八届三中全会通过的《中共中央关于全面深化改革若干重大问题的决定》明确提出"强化体育课和课外锻炼，促进青少年身心健康、体魄强健"的青少年体育工作目标；2016年国务院办公厅印发《关于强化学校体育促进学生身心健康全面发展的意见》(国办发〔2016〕27号)，指出"以'天天锻炼、健康成长、终身受益'为目标，到2020年学生体育锻炼习惯基本养成，运动技能和体质健康水平明显提升，规则意识、合作精神和意志品质显著增强"。针对影响儿童青少年健康方面比较突出的近视问题，2018年8月30日，教育部、国家卫生健康委员会、国家体育总局等8部门联合印发《综合防控儿童青少年近视实施方案》，明确提出了2023年和2030年的近视防控目标。

2. 社会关注，市场推动

体质健康水平关系到青少年的健康成长，关系到千家万户的幸福。近年来的全国学生体质健康调研结果显示，我国学生的平均身体素质和健康水平连续多年持续下降，学生体质健康方面存在着诸多令人担忧的严重问题。

一段时期以来，关于我国儿童和青少年体质水平连续下滑的报道不断：由于受到充斥着电子游戏和垃圾食品的生活环境，以及久坐少动的现代生活方式的影响，儿童和青少年的劳动及体力活动急剧减少；由于营养过剩，儿童和青少年肥胖率不断上升；由于学习负担过重，儿童和青少年缺乏足够的活动时间；由于体育课安排不足，儿童和青少年运动个性化、多样化和科学化不够……这些问题已引发社会各界的广泛关注。

为了解决这些问题，全国各地的学校都在不断尝试进行体育教学改革，同时各式儿童体能训练机构如雨后春笋般地在一些城市中快速涌现。然而，应该如何进行儿童和青少年身体训练，学校和家长应该如何配合，学校及儿童体能训练机构如何才能为孩子提供更科学、更安全、更方便、更有趣、无污染的、有监控的、个性化的、有规划的体育课程或身体练习方案……针对以上问题，无论是理论研究还是实践指导，相比一些有长久积累和规模发展的国家，我国还处于起步阶段，需要虚心学习和研究借鉴。

除了学校，目前国内儿童青少年体育培训机构早已超过万家，专业的儿童体能训练机构的数量也在不断增加，不仅在一线城市形成了规模化发展，更在二线和三线、四线城市中迅速发展。即便如此，目前全国平均每2万名儿童青少年才对应一家专门的体育培训机构，远远无法满足实际需求。然而需求还在持续增长，中国新一代年轻父母在子女体育运动爱好培养及体能提升培训方面的投入不断增加，在家庭消费支出中占据重要比重。市场的巨大潜力推动了行业的发展，但与此同时也给行业带来发展中的挑战，我们需要避免急功近利导致的市场乱象，应当在标准化、规范化的运营管理和科学化、个性化的课程安排方面，尽力促进整个行业的健康发展。

3. 遵循科学，遵循规律

让运动成为孩子生活一部分，让每个孩子都可以愉快地参与丰富多彩的体育活动，享受高质量的体育教育给身心带来的积极变化，从小树立良好的运动习惯和体育价值观是我们的目标。只有家庭、学校和社会共同发力，创造一个有利于儿童青少年身心发展的健康运动环境，才能帮助孩子们提升体质和强健体魄。而在儿童青少年的体育教学理念中，最重要的就是遵循孩子的身体的生理发展规律，也就是我们经常说的"敏感期"问题。

科学研究证明，在青少年生长发育的过程中，身体形态和机能发展不是均衡渐进的，并存在着"敏感期"。这种敏感期是指某种运动素质在儿童、青少年时期，在有机体自然生长发育的基础上，可以实现最优化发展的某些特定年龄阶段。例如，在孩子的肌肉发育过程中，首先应关注大肌群的增长，然后是精细化的动作控制。在某个阶段，孩子力量的增加主要依靠神经肌肉协调控制，而非肌肉体积的增大或肌纤维数量的增加。因此，如果我们在孩子的儿童青少年时期能按照其素质发展敏感期的规律对其进行训练，就能最大限度地发展其身体素质，为孩子今后的体质健康和运动表现提升打下坚实基础。

敏感期又被称作"天窗期"，国内外对其的研究很多。出现敏感期的不同身体素质可训练的最佳时机，也被叫作"训练天窗"（Optimal Windows of Trainability）或"最佳训练能力窗口"。

要注意的是，人的一般生长发育是有规律的，但因为受遗传、营养和运动等因素的影响，个体发育的时间是不同的，因此每个人的敏感期出现的时间也是不同的。早发育和晚发育都会偏离正常年龄发育水平两三岁，也就是说，同龄人的身体发育水平差异可能达到4~6岁！两个实际年龄为10岁的孩子，一个发育年龄可能才7岁，而另外一个可能是13岁！此外，一般认为，同龄的男孩女孩会在8岁开始出现发育差异，最好从这个年龄后就对男孩和女孩进行有区别的、针对性的身体素质训练。

因此，在青春期前的敏感期通常与年龄相关，在青春期开始后，敏感期的划分和青春期男孩女孩的一些生理标志出现的时间点有关，如青春期开始、生长峰值点和月经初潮等。目前，在国内外资料当中被研究证实的，同时较为公认和流行的是运动员长期发展模型（LTAD，Long-Term Athlete Development）。按照LTAD模型，身体素质敏感期（训练天窗）有13个，如下表所示。

身体素质敏感期（训练天窗）年龄区间

运动素质	不同敏感期（训练天窗）的出现时间					
性别	男孩			女孩		
柔韧天窗（2个）	第一天窗期	第二天窗期		第一天窗期	第二天窗期	
	5~8岁	12~14周岁		4~7周岁	11~13周岁	
速度天窗（2个）	第一天窗期	第二天窗期		第一天窗期	第二天窗期	
	7~9岁	13~16周岁		5~8周岁	11~14周岁	
技术天窗（2个）	第一天窗期	第二天窗期		第一天窗期	第二天窗期	
	9~12周岁	14~18周岁		7~10周岁	12~16周岁	
协调性天窗（1个）	天窗期			天窗期		
	12~14周岁			11~13周岁		
力量天窗（3个阶段）	天窗第一阶段	天窗第二阶段	天窗第三阶段	天窗第一阶段	天窗第二阶段	天窗第三阶段
	12~15周岁	15~20周岁	20~25周岁	10~13周岁	13~18周岁	18~21周岁
	注释：身高突增期后的6~12个月是第一个敏感期，增长速度最快。后期两个阶段增长速度逐渐放缓			注释：身高突增期或月经初潮后是第一个敏感期，增长速度最快。后期两个阶段增长速度逐渐放缓		
耐力天窗（2个）	12~14周岁	17~22周岁		11~13周岁	16~21周岁	
爆发力天窗（1个）	16~22周岁			15~21周岁		

4.因材施教，全面发展

儿童和青少年体育教育是教育体系中不可或缺的重要部分。相比国外的一些国家多年的系统研究和推广实施，我国的儿童和青少年体育教育整体水平仍有待提高。我们还缺乏多样化的身体素质练习手段，缺乏系统深入的研究支撑和长期发展的详细规划设计，缺乏一大批拥有专业资质和实践经验的教练员。当然，我们的发展是迅速的，近些年无论是在理论体系研究上，还是在实践方法组合上，都取得了喜人的成绩，未来可期。

在遵循儿童青少年身体生理发展规律的基础上，我们要因材施教，全面发展。在具体的训练执行和练习方式上，以下几个常见问题是最受家长、教练和老师们关注的，同样也是所有儿童青少年训练一线工作人员必须了解的。

（1）儿童青少年的练习方式是否和成人完全一样？

首先，就人体动作而言，对于已具备自由行走能力的儿童或青少年，其可以完成的大多数练习（如下蹲、跳跃和跑步等）的基本动作模式和成年人是完全一样的。不论是普通人还是运动员，不论是儿童还是老年人，其动作模式和动作方式的本质始终一样。Crossfit的创始人格拉斯曼（Glassman）曾说过："奥运会运动员和我们的外婆，对于运动的需求只有程度上的差别，没有种类上的差别。"

其次，儿童和青少年的动作模式和成人一样，在某些细节要求上也一样，但是在具体的动作要求和发展目的上，强调的重点不一样。例如，儿童和青少年体能训练更加强调正确动作模式的自动化训练，强调神经肌肉的本体感觉和动作姿势的标准，而不是强调训练负荷和训练强度。

（2）孩子应先练专项还是先练体能？

目前所有的相关研究建议并强调，孩子应该在提升基础运动技能的基础上，再参加竞技性体育运动。专家们就先有合适的身体基础，再去练专项的观点似乎已基本形成了共识。美国著名的儿童体能教育专家斯蒂芬·维尔吉利奥（Stephen Virgilio）博士在其所著的《儿童身体素质提升指导与实践（第2版）》一书中就明确指出并强调，在基础体能和专项技术之间，孩子应该先提升基础运动技能，在强化了骨骼肌肉系统和神经肌肉控制系统之后，再参加竞技性体育运动才是最好的选择。

这个规律以多种形式被应用于日常生活中。当儿童青少年刚开始进行体育锻炼时，篮球、游泳等运动专项对其吸引力也许更大。这些项目的初期学习目标是掌握一些基本技能，同时老师或教练也会教授一些热身练习。但是一旦孩子已经学会某个运动专项的基本技能，并且想要获得技能水平的进一步提升，就必须参加专门和正式的体能训练了。

（3）儿童和青少年是否能进行力量训练？

这个命题的研究在美国已有很长时间，之前有观点认为，孩子的肌肉正处于生长发育阶段，不应该过度使用，而且负重训练的危险系数太高。近二十年来，各大权威机构纷纷发表了有关儿童青少年的健身指导文章，推荐其进行力量训练，这些机构包括：美国儿科学会（AAP）、美国运动医学会（ACSM）、美国运动委员会（ACE）、美国国家体能协会（NSCA）、英国体育与运动科学协会（BASES）和加拿大运动生理学会等。

其中，美国儿科学会声明："适度的力量训练对于青少年的生长发育、骨骼愈合、心脏循环系统没有明显的副作用。"美国运动医学会认为："一般来说，如果儿童做好了参加组织好的体育运动的准备——如一些小型的足球、棒球联赛或者体操比赛——这就表明他们做好了可以进行一些力量训练的准备。"美国国家体能协会则这样表述："青少年的力量训练在以下情况下是安全而有效的：有一个善于制定训练计划的资深教练（或老师）的指导和监控，且青少年自身已掌握了适当的动作技术。"

对于年龄较小的儿童是否可以进行力量练习，国外最新研究认为，幼儿园到六年级的儿童不应执行最大负重练习，然而，哪怕年龄小到只有2岁的儿童，都是可以通过进行阻力练习来增强骨骼发育的。国外的长期研究和实践已证明，科学的力量训练是促进儿童青少年体质健康和运动能力增强的有效方法，有监督、有计划、科学合理的力量训练其实是一种安全有效的训练方式，对孩子肌肉生长发育有诸多益处。力量素质是参与一切体育活动的基础。在日常体育课教学中，合理安排力量训练环节可以逐步提高学生的身体素质和运动能力。因此，本套丛书提供了多种适合学生力量素质发展的练习方法，并针对不同年龄孩子的生长发育情况制定了不同的个性化训练计划，图文并茂，通俗易懂，引导学生科学系统、安全高效地进行力量训练，并为体育教师和体能教练提高孩子的身体素质和专项运动成绩提供了技术支持。

（4）为什么儿童青少年身体训练要关注动作模式？

儿童青少年的身体训练是为了打好身体基础，提升体能水平，且体能水平包含动作、身体素质和运动表现三个维度。动作是其中最本质和最基础的——任何日常身体活动和竞技运动都是由基本身体动作组成的，力量、爆发力、耐力、速度、敏捷、平衡、协调和柔韧等其他身体素质的发展都建立在此基础之上，最终达到实现结合运动专项或者其他功能需求的运动表现的目标。

动作模式就是遵循人体科学运动基本原则，让身体以最佳路径和最佳效率完成动作的过程。动作练习的目的就是建立正确的动作模式，并优化发展为动作技能。好的动作模式可以让你用最小的力和最经济的能量消耗来达到最佳的运动表现。专业运动员为了更好的竞技运动表现，突破既定的运动极限，时刻不断改进自己的技巧，熟练自己的技能，为的就是能在更好的动作模式下提升至最好的成绩。普通人也是如此，如果没有正确的动作模式，就会在运动中事倍功半。但大多数普通人的动作模式并不正确且已经"定型"，只能通过科学的纠正性训练进行矫正，且矫正过程异常复杂而艰难。而这种"最佳"动作模式建立和优化的最佳时期必定是在儿童青少年阶段。

动作模式的练习讲究神经肌肉的本体感觉和协调配合，以及动作姿态的有序控制。例如，在下蹲练习中，一个正确动作模式的下蹲动作需要踝关节、膝关节和髋关节的弯曲角度合理，踝部有足够的灵活性以保证膝关节的位置正确，膝盖有合理的折叠角度以帮助身体更好地利用大腿肌肉，髋部有合适的位置以保证上半身角度合理，同时，还需要躯干和核心配合发力，以及背部肌肉的参与。其他任何动作细节，包括肩膀的位置，头部的角度，甚至是视线，都有可能影响到整个身体联动发力的变化和动作模式的效率。

此外，练习动作模式的另一大功能就是保护身体，预防伤病。人体关节有两个基本特性：灵活性和稳定性，往往以一个为主，另一个为辅，这是人体的"原本设计"，是不可改变的。错误的动作模式会使某一关节的灵活性或稳定性产生变化，并进一步造成上下联动关节的错误代偿。虽然人体具有自我纠正能力，但一旦运动过量或负荷过大，就会产生永久性运动损伤。例如，硬拉练习是一个综合性训练动作，可以锻炼全身上下的多数肌肉，特别是后链肌群。但硬拉练习的训练目标不仅是肌肉，更重要的是动作模式。如果在练习过程中存在腹部用力不够、肩胛肌肉或腰背部肌群参与不够等问题，很容易导致人体脊柱过度屈曲，给脊柱造成额外的压力，使其成为一个错误而危险的动作。

因此，儿童青少年时期的身体训练要重点关注动作模式，以最有效率的动作幅度和最经济的能量消耗来获取最大的运动收益，这也是进行身体训练的黄金法则。

（5）一些高难度、高强度练习是否适合儿童青少年？

斯蒂芬·维尔吉利奥博士曾明确提出建议：10岁以上的孩子应每周至少有5天进行60分钟以上中等强度或更激烈的体育运动。我国的儿童青少年普遍存在运动参与较少的问题，如果突然加大训练量或训练强度，会出现不适应的情况。但只要循序渐进，科学进阶，孩子一样是可以做好很多强度较高、难度较大的训练的。从美国、德国和日本等国家的很多儿童训练视频和教程可以看出，孩子的训练强度和训练质量可以是很高水平的。因此，在保障好基本安全的前提下，遵循科学指导的原则，家长、老师和教练完全不必过度担心。

此外，一些欧美国家的专家认可并建议将基础体能训练（包括力量训练、有氧健身和关节灵活性训练等）融入中小学体育课程，以全面提升孩子们的运动能力，让孩子获得受益终生的训练技术、健康知识、训练态度和生活习惯，以及成年后参与体育运动所需要的知识和信心，并为未来的运动生涯打下基础。

（6）如何保障每一个孩子的训练积极性？

现代儿童和青少年的生活方式与历史上任何时期相比都发生了根本性的变化。不同于过去，现代孩子们大部分时间都在有封闭保护的环境下进行着消极的娱乐活动。要激发孩子的训练兴趣，首先要打破成人"缩小版"的训练模式，取而代之的应该是根据每个不同年龄、体质和特点的孩子定制个性化计划，最大限度地提升孩子对参与训练的兴趣，激发他们的好奇心和挑战心理。

对于每个孩子来说，体育活动都应该是有趣并且愉快的，而不应仅仅是有天赋的孩子才会有这种感觉。体育活动并不一定要有明确的名次目标，我们必须停止将10岁孩子作为年轻版的成人运动员来对待这种做法，而应让他们顺其自然地发展，让孩子们自由地活动、玩耍和娱乐，在运动中展示自我。在设计上，要敢于打破传统的体育教学套路，设计一些孩子喜欢并易接受的创新性体能练习方法，让每一个孩子都能够毫无压力地参与其中，从而摆脱久坐少动、肥胖和营养过剩对身体带来的不利影响，在轻松和欢乐中逐步提升自身的身体素质和运动表现。

在教学方法上，教师在训练的开始阶段要"低估"孩子的运动能力，然后逐步增加动作难度和运动强度，并且始终强调动作的规范性而不追求过度练习，坚持适当的练习永远优于过度训练。此外，教师要多与孩子进行互动，关注孩子的情绪状态，了解他们的想法和感受，多给予孩子鼓励和赞扬。教师还应及时记录训练信息，监督训练成果，让孩子理解和感受训练的益处，享受训练过程，从而激发孩子终身锻炼的兴趣。

一个全面的儿童青少年训练计划的执行过程，应该包含艺术和科学两个方面。科学是为了理解训练的原理和方法，艺术则是为了满足不同需求、目标和能力的训练者，并为其设计安全、高效和有趣的训练计划。对于孩子的训练不用过分讲究"No pain, No gain"（无痛则无果），训练不仅仅是为了增长肌肉力量和运动表现水平，更是为了让孩子了解自己的身体，保持运动的兴趣，收获更多的快乐。这种快乐是在掌握技能与完成挑战性任务之间的平衡中获得的，孩子只有在训练中获得了知识、技能和信心，并且感受训练所具有的挑战性时，身体训练才是一种有趣的活动。

5. 本丛书的对象和受众

本丛书的阅读对象分为四类人群：儿童和青少年的家长；学校体育教师和从事儿童和青少年身体训练相关研究工作的人员；专业从事儿童和青少年体能教育培训的教练或技术人员；相关基层专业队、青少年俱乐部队伍的教练。此外，具备一定知识的青少年也可以直接阅读本丛书。

丛书分为两个系列："儿童身体训练动作指导丛书"和"青少年身体训练动作指导丛书"。目标受众是6~15岁的儿童和青少年。按照国内学龄阶段的划分，分为小学和中学两个学历阶段，同时按照九年义务教育的年限，按每三岁一个年龄区间分为3个层级，如下表所示。

儿童和青少年年龄、年级、学龄划分表

层级	年级划分	年龄区间	人群属性	学龄阶段
一	1~3 年级	6~8 周岁	儿童	小学生
二	4~6 年级	9~11 周岁	儿童	小学生
三	7~9 年级	12~14 周岁	少年	初中生

其中，第一层级和第二层级都属于小学阶段，对应的是"儿童身体训练动作指导丛书"，第三层级属于初中阶段，对应的是"青少年身体训练动作指导丛书"。当然，年级、学龄阶段不代表孩子的发育水平和身体运动能力水平，每个年级或年龄阶段都可能有处于不同发展水平的孩子，而且差异会很大。

国内对于儿童与青少年的界限划分以及对应的中英文词汇使用还比较混淆，为此，在查阅和参考相关资料的基础上，丛书在此做一个术语用法的大致介绍，同时明确一下年龄界限划分。美国国家运动医学学会（NASM）认为，青少年（Youth）这个词汇涵盖了一个较大的年龄范围，并且有广泛的含义，比如青年时代的意思，基本包含了儿童和少年阶段。美国疾病控制和预防中心（CDC）则使用儿童（Children）和青春期少年（Adolescent）两个词汇来对两组人群进行区分。通常来讲，刚出生到1周岁之间的小孩被称为婴儿（Infant），1~3

周岁则被称为幼儿（Baby），学龄前儿童（Preschool Children）相当于我们国家的幼儿园阶段，即3~6周岁，儿童（Children）所指的年龄范围为3~12周岁，而青少年（Teenager）所指的年龄范围为12~18周岁。NASM还指出，当涉及运动反馈时，儿童（Children）通常所指的年龄范围为6~12周岁，因为3~5周岁的儿童在分级测试和需要最大极限的运动中不会涉及。

此外，丛书在此要对英文中Kids、Adolescent、Juvenile和Teenager等几个相关词的意思和年龄界限进行一个简要释义。Kids（孩子）多从关系属性上强调相比之下跟自己感情亲近的孩子，更加口语化，而Children（儿童）更多泛指所有孩子，没有感情亲疏之分。Adolescent（青春期少年）这个词有名词和形容词双重属性，强调的是孩子处于青春发育期这个阶段，年龄区间一般是10周岁左右。Juvenile 也可以作形容词和名词，指没有发育成熟的青少年。而Teenager 是这几个词当中定义和年龄界限最明确的一个，指12~18周岁的青少年。参考下表，你将有一个清晰的了解。

术语年龄界限划分参照表

中文用词	婴儿	幼儿	学龄前儿童	儿童	青少年	青少年（广泛）
英文用词	Infant	Baby	Preschool Children	Children	Teenager	Youth
年龄范围	0~1周岁	1~3周岁	3~6周岁	3~12周岁	12~18周岁	6~18周岁

2019 年 9 月 27 日

前　言

在目前适合国内中小学生的完整的身体训练体系还在摸索和构建的背景下，本丛书期待为广大体育和教育领域的工作者，尤其是中小学体育教师提供针对儿童青少年体能教育的指导策略和教学模式参考，并帮助其设计适合不同发育水平孩子的身体训练课程，从而丰富体育课程内容，达到全面提升儿童和青少年身体素质和健康水平的目的。丛书突出了儿童和青少年训练的针对性、规范性和实效性，丰富了儿童和青少年运动训练的多样化方式，可作为广大体育教师、教练、体能训练师、健身教练和健身爱好者的参考书。

本丛书的内容参考了国内外多部训练相关图书和视频，包括《身体功能训练动作手册》，以及来自美国NASM的YES（Youth Exercise Specialization）教程和美国Gopher公司开发的Achieve儿童运动教程等。教师和教练可以根据孩子的年龄、个体能力和训练年限，选择从入门到高级的训练动作，作为训练计划制定的参考。

"儿童身体训练动作指导丛书"和"青少年身体训练动作指导丛书"的核心目的是动作指导，为了使用方便，同时便于读者找到合适的参考，本丛书按照徒手训练、拉伸训练和各种不同小器械训练的方式进行分类。在维度设置上，本丛书并没有按照训练板块，如热身整理、准备活动、基本动作技能、力量训练、核心训练、拉伸训练、快速伸缩复合训练、速度训练、游戏、瑜伽、有氧心肺、稳定性训练和灵活性训练进行划分，也没有从身体素质，如力量、爆发力、平衡、柔韧、灵敏、速度、心肺耐力和肌肉耐力等维度来设置。但是，丛书在动作体系分类中体现了以上两个维度，同时按照身体部位（如上肢、下肢和躯干等）和身体姿势（如站立姿、半跪姿、仰卧姿和俯卧姿等）等多维度来综合设置。

其中，"儿童身体训练动作指导丛书"针对1~6年级的小学生，年龄区间为6~11周岁，全套包括《儿童身体训练动作手册：徒手训练》《儿童身体训练动作手册：拉伸训练》《儿童身体训练动作手册：弹力带训练》《儿童身体训练动作手册：瑞士球与迷你带训练》《儿童身体训练动作手册：哑铃与壶铃训练》《儿童身体训练动作手册：药球与BOSU球训练》《儿童身体训练动作手册：栏架、平衡垫、泡沫轴与按摩棒训练》。

"青少年身体训练动作指导丛书"针对初中生，年龄区间为12~14周岁，全套包括《青少年身体训练动作手册：徒手训练》《青少年身体训练动作手册：拉伸训练》《青少年身体训练动作手册：弹力带训练》《青少年身体训练动作手册：哑铃训练》《青少年身体训练动作手册：瑞士球训练》《青少年身体训练动作手册：药球与壶铃训练》《青少年身体训练动作手册：BOSU球与迷你带训练》《青少年身体训练动作手册：栏架、泡沫轴与按摩棒训练》。

每本书均由三部分构成：第一部分介绍训练所用小器械的基础知识、主要训练优势，以及主要涉及的训练板块，如BOSU球主要用于平衡稳定练习，哑铃主要用于力量练习，栏架多用于灵敏练习和快速伸缩复合训练；第二部分是动作的详细板块，按照训练板块、身体部位、身体姿势和素质类别等，从多个维度和层面将动作进行了细致划分，以图文结合的形式详细介绍每一个具体的动作练习，说明动作步骤、动作要点和注意事项，且部分动作有对应的参考视频，读者可以通过扫描二维码进行查看；第三部分是训练计划示例，提供了若干个参考性训练计划。训练计划针对不同目的、不同水平儿童青少年设计，当然，书中所列的计划只是一个简要参考，读者可以根据需求或训练对象的具体情况设计更加多样化和个性化的训练计划，实现高质量体育教学的目标。

本丛书根据不同年龄段儿童和青少年的生理、心理和营养等发展特征，并参考目前国外流行的LTAD模型，确定适用于不同年龄段的体能训练动作和活动方式，比如《儿童身体训练动作手册：徒手训练》中，就涵盖了儿童肌肉力量和耐力、协调性、速度、灵敏反应、柔韧性和能量代谢练习等多个素质类别，同时还提供多种动作模式练习、双人配合练习、爬行练习和儿童瑜伽等丰富多彩的实践内容，帮助他们提升运动表现，加强团队合作，并享受运动带来的健康和乐趣。

这套丛书联合体育训练和学校体育行业的国内外专家，参考国际最新的儿童和青少年训练体系和领域研究成果，以简洁实用的动作练习和丰富实用的训练计划来呈现，拟搭建6~15周岁范围内，中、小学的两段课程体系，构建中小学身体训练课程及儿童和青少年体质健康解决方案，帮助施教者提供更安全、更科学、更具趣味性的体育教学，促进儿童和青少年更积极地参与体育活动，更轻松易行地掌握基本运动技能，更科学合理地全面提高身体素质。

动作视频在线观看说明

为了帮助儿童快速掌握动作技术，科学进行身体锻炼，本书提供了大部分动作练习的演示视频，具体可通过以下步骤在线观看。

步骤1　打开微信"扫一扫"（图1）。

图 1

步骤2　扫描动作练习页面上的二维码（图2和图3）。

图 2

图 3

步骤3　如果您尚未关注微信公众号"人邮体育"，扫描后会出现"人邮体育"的二维码（图4）。请根据说明关注"人邮体育"（图5），并在关注后点击"资源详情"（图6），即可进入动作视频观看页面（图7）。如果您已关注微信公众号"人邮体育"，扫描后可直接进入动作视频观看页面。

图4

图5

图6

图7

特殊说明：

1. 全书共提供了45个动作视频，且每个动作视频对应一个二维码。

2. 考虑到部分动作练习的单次演示时间较短和动作难度较大的情况，同时为了达到更好的指导效果，动作视频将重复演示动作练习若干次。此外，为了更好地展示动作细节，部分动作视频将从不同角度或书中演示侧的对侧演示动作练习并重复若干次。

目录 CONTENTS

CHAPTER 01 第一章

药球基础知识与训练应用

CHAPTER 02 第二章

BOSU 球基础知识与训练应用

CHAPTER 03 第三章

动作练习

CHAPTER 04 第四章

训练计划

CHAPTER

01

第一章

药球基础知识与训练应用

药球是一种既简单又经济的训练器械，在大众健身和专业体能训练领域都得到了广泛的运用，在儿童身体素质提升训练方面也具有独特的优势。本章介绍了药球的起源与发展、训练优势、选择方法、训练应用及注意事项等内容，可以帮助练习者了解药球训练的基础知识，为实际训练做好准备。

1.1 药球的起源与发展

药球（Medicine Ball）是一种球形的投掷器械，也叫作重力球。药球的直径为20～50厘米，重量为4~20磅（1.8~9.1千克）。药球和很多健身器械一样，最初产生于医疗康复领域，病人通过来回投掷药球，强化肌肉力量，提升肢体的灵活性，促进身体机能的恢复。由于训练效果较好，药球后来被广泛应用于健身领域，帮助练习者加强核心区域的力量，同时也可用于速度和爆发力训练。另外，因为药球训练属于多平面的、灵活的运动，所以对关节周围的肌肉有很好的训练作用，可以使关节更稳定。专业运动员还可以利用药球模拟专项技术进行训练。

1.2 药球训练的优势

药球训练和其他器械训练相比，有着自身独特的优势。

上肢爆发力训练的重要训练手段

大部分的体育运动，除长跑等耐力项目外，都要求身体在短时间内输出最大的力，也就是说，爆发力水平对运动成绩有着关键性的影响。药球训练中包含许多抛、砸、推的动作练习，练习者在动作末端无须控制重物而完全释放药球，因此能够输出更大的功率，从而提升爆发力水平。

上肢和躯干快速伸缩复合训练的最佳工具

快速伸缩复合训练的核心生理机制是肌肉会产生一个拉长—缩短周期。训练时，利用药球的弹性特点，连续快速回接球并抛出，可以使上肢和躯干肌肉产生快速的离心收缩，激活肌肉的牵张反射，储存弹性势能，使随后产生的向心收缩更加有力。因此，药球是上肢和躯干进行快速伸缩复合训练的最佳器械选择。

有效提高专项运动表现

药球训练动作更接近于运动专项动作，例如，利用药球进行的旋转砸墙训练动作与乒乓球、网球的正、反手击球动作相近；过顶下砸训练动作与网球的发球动作、羽毛球的扣杀动作相近。因此，采用药球训练能够有效地增强运动专项所需的力量素质，提升运动表现。

更具有功能性

球体的形状决定药球具有多样的运动模式，末端完全释放的训练特点能够有效提升力的传递速率，更容易的抓握方式使药球可以被更好地应用于核心训练。此外，药球训练的运动范围较大，能够激发更多的肌肉参与运动。

性价比高，适用于各类运动场所

　　药球的性价比较高，且对运动场所的要求较低，不论是在健身房、家中等封闭场所，还是庭院、操场、草地等户外场所，都可以进行药球训练。

1.3 药球的类型与选择

　　药球的种类多种多样：从材质上看，可分为皮革材质药球、橡胶材质药球及聚氨酯材质药球等；从弹性上看，可分为弹性药球、柔性药球和实心球等；从外观上看，可分为正常药球、单耳药球、双耳药球和绳索药球（甩球）等。可根据不同训练需求，选择合适类型、尺寸和重量规格的药球。

　　通常来说，皮革材质的药球价格较低，易抓握，在投掷过程中更容易控制，但比较容易产生磨损，形状保持上不如橡胶材质的药球，扔到墙上也不容易反弹。橡胶材质和聚氨酯材质的药球的价格高于皮革材质的药球，质地较硬，扔到墙上时反弹性好，使用这类药球进行练习时更容易掌握动作技术。单耳药球的外形与壶铃类似，适合单手抓握，练习者可利用其不稳定性进行手持药球的训练。双耳药球两边都有手柄，便于进行双手持握、接抛球动作，适合核心区域的训练。使用绳索药球进行练习，增加了动作幅度和动作难度，对核心区域要求较高。绳索药球一般在练习者具备一定身体素质基础并熟悉相关动作后，作为进阶训练的器械使用。不建议在初阶训练中使用绳索药球。

　　药球的选择，依练习者的身体素质及训练目标而定。一般来说，初学者尽量使用稍轻一些的药球，随着训练水平及身体素质的提升，可逐渐增加药球的重量。另外，如果练习者想提升自己的力量及最大爆发力，可以选择重一些的药球；如果练习者想发展身体的柔韧性、快速力量，可以选择轻一点的药球。

1.4 药球训练在儿童身体素质提升锻炼中的运用优势

儿童天生活跃，他们喜欢玩，并通过运动表达自己。药球训练作为一种新型的健身手段，得到了大部分儿童的喜爱，并且训练的效果非常显著。药球抛、接训练使得同伴之间可以相互配合，提升协作能力。此外，药球训练具有多样性的特点，有助于改变枯燥的训练内容、方法，使训练更有趣，从而调动孩子们参与训练的积极性。

儿童的骨骼、肌肉系统尚不成熟，对技术动作的熟练度不足，此时，建立正确的动作模式显得尤为重要。正确的动作模式有助于儿童身体的健康发展，避免运动中的损伤，增强学习技术动作的能力。药球训练包含站姿、运动姿、跪姿、半跪姿、分腿蹲姿、高分腿姿下的全身运动，帮助儿童在体育运动中掌握正确的身体姿势，找到发力的顺序，从而建立正确的动作模式。

儿童需要全面发展身体素质，但因为学业及家庭等因素，他们并没有充足的时间来进行锻炼。而药球训练的多样性、全面性能够有效解决这个问题。使用一个药球就可以锻炼身体的上下肢力量、爆发力、核心力量及稳定性、灵活性、柔韧性、平衡性等，还可以通过科学的训练安排达到减脂的效果。

1.5 药球训练的注意事项

进行药球训练时，应注意以下事项。

（1）保证安全的训练环境。因为药球训练涉及很多抛、摔、砸等动作，加上儿童好奇、爱玩的天性，所以训练存在一定的受伤风险。为了安全，训练时必须确保身边没有镜子等易碎品以及与训练无关的人员。

（2）药球训练包含很多蹲、跳跃、旋转等动作，动作幅度大，因此训练过程中应穿着宽松的运动服，时刻集中注意力，以免砸到自己或者他人。

（3）训练前要进行充分的热身。药球训练包含很多快速的、爆发式的身体旋转动作，若热身不充分，很容易造成损伤。

（4）同样地，药球训练具有输出功率高、动作频率高的特性，训练时，要高度集中注意力，因此要保证充分的间歇时间，以避免训练疲劳导致的身体损伤。

（5）药球训练的难度大于其他传统器械，因此必须选择重量合适的药球，且需要在专业人员的指导下进行。

CHAPTER 02 第二章

BOSU 球基础知识与训练应用

　　BOSU 球具有独特的构造及功能特点，在大众健身和专业体能训练领域有着非常广泛的应用。其在儿童身体素质提升训练方面也具有独特的优势。与第一章的内容结构类似，本章介绍了BOSU 球的起源与发展、训练优势、训练应用及注意事项等内容，可以帮助练习者了解BOSU 球训练的基础知识，为实际训练做好准备。

2.1　BOSU 球的起源与发展

BOSU 球又叫波速球，是一种由大卫·韦克（David Wacker）于 1999 年发明的健身器械。BOSU 球是"Both Side Up"（两边向上）的首字母缩写——指 BOSU 球的两种放置方式。BOSU 球也被称为"蓝色半球"，因为看起来像一个完整的球的一半。事实上，它是由一个硬质圆形平台和附着其上的充气橡胶半球构成的。

BOSU 球常被用于平衡性训练。当非稳定面（半圆的那一面）朝上时，BOSU 球可提供一个不稳定的表面；而其自身保持稳定；当非稳定面朝下时，BOSU 球可提供一个稳定的表面，但其自身不平衡，无法保持稳定。这种稳定与不稳定结合的形式，使其可以被广泛应用于各种运动人群，从儿童、青少年到中老年人，从康复中的患者到精英级运动员，同时也使其可以被应用于多种训练目的的练习。

2.2 BOSU 球训练的优势

BOSU 球训练和其他器械训练相比，有着自身独特的优势。

成本低，占地空间小，使用方便

BOSU 球的制作材料简单，造价成本较低。此外，BOSU 球的体积较小，训练时只需要一个相对较小的安全空间，可以在室内外自如地进行训练。

趣味性足

BOSU 球的设计独特，富有挑战性，往往会对儿童产生较大的吸引力。即使没有引导和鼓励，他们也会跃跃欲试，测试自己可以在BOSU球上"站多久"，以及开发更多的"玩法"。这可以为孩子们创造一个充满趣味性和探索性的训练环境，是儿童训练计划里极其重要的组成部分，有助于提高儿童对运动训练的兴趣。

增强核心稳定性及平衡能力

BOSU 球的训练原理与瑞士球有相似之处，旨在通过锻炼身体的核心肌肉来提高平衡感和稳定性。和瑞士球不同的是，BOSU 球更多的是要求练习者在球面上保持稳定。比较常见的BOSU 球训练方法是下肢稳定地站在球面上，随着练习时间的增长，核心肌肉会变得更强壮，并最终使练习者能够在BOSU球上保持更长时间的平衡。得益于此，练习者在日常生活或运动专项中将能够更好地保持平衡和稳定的身体姿态。

发展核心力量

BOSU 球练习是发展核心力量的主要手段。训练时，BOSU 球所提供的不稳定环境能够刺激练习者的本体感受器，使其募集更多的运动单位，加强对深层小肌肉群的锻炼效果。此外，BOSU 球可以被应用到专项训练中，与运动专项相结合，例如，游泳运动员在BOSU 球上做双腿打水的动作，这样能够更有效地加强游泳项目所需的核心力量，从而提升运动表现。

增强神经肌肉控制能力

在运动中，中枢神经系统（即大脑和脊髓）通过本体感受器（如肌梭、腱梭和游离神经末梢等）源源不断地接收外界环境的信息，并收集关于肌肉长度、肌肉张力、关节位置和关节活动程度的反馈。使用BOSU 球进行训练，使得机体在稳定与不稳定的状态间快速切换，从而加深对本体感受器的刺激，久而久之，人体的神经系统能够通过运动链完美地控制各部位的肌肉，从而形成高效、稳定的动作模式。

2.3 BOSU 球训练在儿童身体素质提升锻炼中的运用优势

　　BOSU 球的训练优势在于练习者可以用它做各种各样的运动：从下肢平衡训练到核心训练，甚至是上肢训练和有氧训练。在任何一种训练方式中，BOSU 球都可以起到增加不稳定性的作用，使练习者动用更多的核心肌肉与小肌肉来辅助稳定身体并保持平衡。最终，不论出于何种训练目的，练习者的核心功能都将得到显著强化。此外，BOSU 球训练还可以帮助练习者改善本体感觉，让其知道身体与空间的位置关系，拥有更强的身体意识，从而提高运动能力，改善运动表现。

儿童时期是身体发育的敏感阶段，过快的生长发育速度、学校里不够全面的锻炼方法（如忽视后背的训练）以及长时间的埋头苦学都可能会对儿童的身体姿态产生影响。例如，我们经常见到个子比同龄人高出一截的孩子多数伴随着含胸驼背的不良身体姿态，或者经常看到戴着厚厚眼镜片的学生背着沉重的书包。这些孩子都可能存在骨盆前倾、胸椎灵活性受限、胸部过于紧张造成的上背部肌肉失去灵活性等问题。而BOSU 球正是一种矫正身体不良形态的重要训练器械，其所具有的不稳定性，能够有效激活僵直的肌肉。这样不仅能够促进儿童身体形态健康发育，还可以增强他们对身体形态的满意度和自信心。

儿童时期也是神经系统发育较快的时期，此时的动作学习状态呈现出速度快但不准确的特点，尤其是对复杂动作的掌握方面存在难度。另外，儿童的动作和姿势很容易发生改变，此时使用BOSU 球进行训练，能够增强核心力量，提高儿童对合理姿势的控制能力，从而可以更加稳定、协调地完成技术动作，促进体育运动能力的提高。

2.4 BOSU 球训练的注意事项

进行BOSU 球训练时，应注意以下事项。

（1）保证训练场地有足够的活动空间，同时注意场地环境，确保儿童训练时不会因场地原因发生滑倒、摔伤等意外。

（2）在儿童使用BOSU 球进行难度较大的训练动作时，应该在体能教练或其他专业人员的指导与保护下进行。

（3）训练过程中儿童应穿着专业、舒适的运动服装及运动鞋。

（4）进行BOSU 球训练时，应保证动作规范，不要进行大幅度、夸张的动作，以防发生意外。同时，儿童与伙伴一起训练时，要注意相互保护，而不要有嬉戏打闹或用力推搡等行为，因为这有可能造成意外伤害。

（5）训练过程中儿童应及时补充水分。在运动前、中、后，都少量多次地补充水分，防止脱水等意外的发生。训练时还要注意留出充分的休息时间，避免过度疲劳。

（6）训练过程中应密切关注自身的身体状况，如出现头晕、恶心等不良症状时，要及时停止训练，并寻求专业的医疗救助。

CHAPTER 03 第三章

动作练习

　　药球和BOSU球的练习形式多样，有些动作具有一定的难度，儿童要根据自身的情况利用药球和BOSU球进行不同功能的练习。明确动作练习的训练部位和训练目标，掌握动作要点和注意事项，是练习者获得理想训练效果的基础和保障。

药球篇

3.1 力量训练

药球 - 平板支撑

训练部位　**上肢、核心肌群**

主要肌肉　**胸部肌肉、核心肌群、肱三
　　　　　头肌、三角肌**

训练板块　**力量练习、稳定性练习**

训练目标　**力量、平衡、稳定**

注意事项　**保持躯干呈一条直线，不要
　　　　　塌腰，保持正常呼吸**

动作要点

呈俯卧撑姿势，双手撑于药球上，双脚撑
于地面。双臂伸直，背部挺直。全程静态支
撑，收紧核心，保持规定的时间。

药球篇

BOSU训篇

3.1.2 下肢

药球 - 双腿深蹲

训练部位　**下肢、核心、肩关节**

主要肌肉　**臀大肌、股四头肌、腘绳肌、肩关节肌群**

训练板块　**力量练习**

训练目标　**力量**

注意事项　**膝关节不要超过脚尖，避免膝内扣**

动作要点

1 直立，双脚分开，与肩同宽。手持药球于胸前，双肘屈曲。

↓

2 双臂向前伸直，同时屈髋屈膝，向下深蹲。保持背部挺直。

↺

↺ 伸髋伸膝，身体向上站直。重复规定的次数。

药球 - 训练椅深蹲

训练部位 **下肢、核心**

主要肌肉 **臀大肌、股四头肌、腘绳肌、核心肌群**

训练板块 **力量练习**

训练目标 **力量**

注意事项 **下蹲过程要注意节奏，速度尽量放慢，避免膝内扣，并保持正常呼吸**

动作要点

1 直立，身体位于训练椅前，双脚分开，与肩同宽。手持药球于胸前，双肘屈曲。

2 屈髋屈膝，向下深蹲至臀部刚刚触及训练椅。保持背部挺直，手臂姿势不变。

↻ 伸髋伸膝，快速地向上回到起始姿势。重复规定的次数。

药球篇

BOSU球篇

药球 - 双侧交替弓步

训练部位 **下肢、核心**

主要肌肉 **臀大肌、股四头肌、腘绳肌、大腿内侧收肌**

训练板块 **力量练习、稳定性练习**

训练目标 **力量、稳定**

1

动作要点

1 直立，双脚分开，大于肩宽。手持药球于胸前，双肘屈曲。

2 右腿向右做侧弓步，重心右移，保持背部挺直，核心收紧，手臂姿势不变。

3 随后右脚蹬地，重心左移。左腿向左做侧弓步，重复上述动作。重复规定的次数。

2 **3**

药球 - 标准仰卧起坐

训练部位　**核心**

主要肌肉　**腹直肌**

训练板块　**力量练习、稳定性练习**

训练目标　**力量、平衡、稳定**

动作要点

1 仰卧于垫上，双膝屈曲 90 度。手持药球于头顶，双臂伸直。

2 利用腹肌的力量缓慢地拉起上半身，胸部向膝盖靠近，同时双肘屈曲，手持药球移至胸前。保持腹部收紧。当上半身直立时，稍作停顿。

↻ 回到起始姿势。重复规定的次数。

1

2 ↻

3.1.3 核心

药球 - 俯身滚球行进

训练部位 **上肢、核心**

主要肌肉 **腹直肌、臀肌、三角肌、肱三头肌**

训练板块 **力量练习、动作准备、动作技能**

训练目标 **力量、平衡、稳定、协调**

动作要点

1 左手和双脚撑于地面，右手撑于药球上。双腿微屈，双臂伸直。

2 双手交替向前滚动药球，同时双膝屈曲，向前爬行。

3 重复规定的次数或前进规定的距离后停下。

药球 - 仰卧起坐上举

训练部位　**核心、上肢**
主要肌肉　**腹直肌、臀肌、三角肌**
训练板块　**力量练习、稳定性练习**
训练目标　**力量、平衡、稳定**

药球篇

动作要点

1 仰卧于垫上，双腿伸直。手持药球于胸前，双肘屈曲。

2 利用腹肌的力量缓慢地拉起上半身，同时向上推举药球。保持腹部收紧。当上半身直立时，推举药球至双臂伸直。

↻ 回到起始姿势。重复规定的次数。

3.2 爆发力训练　3.2.1 抛接球

药球 - 仰卧起坐 - 胸前抛接球

训练部位　**上肢、核心**

主要肌肉　**核心肌群、三角肌、上臂肌群**

训练板块　**爆发力练习、力量练习**

训练目标　**力量、爆发力、核心稳定性**

注意事项　**抛球和推球时看好同伴的位置，防止意外砸伤**

1

2

动作要点

1 练习者坐于垫上，臀部和双脚着地。双膝屈曲，双脚分开，与髋同宽，脚尖朝前。双肘屈曲，双手呈接球姿势于胸前，做好接球准备。同伴面向练习者直立，手持药球于胸前，做好抛球准备。

2 同伴向练习者抛球，练习者双手接球，随后上半身后仰以缓冲。练习者在背部靠近地面时，手持药球稳定于胸前。

3 利用腹肌的力量拉起上半身，同时尽可能快速地双手抛球给同伴。同伴双手接球，回到起始姿势。重复规定的次数。

药球 - 仰卧起坐 - 过顶抛接球

训练部位 **上肢、核心**

主要肌肉 **核心肌群、三角肌、上臂肌群**

训练板块 **爆发力练习、力量练习**

训练目标 **力量、爆发力、核心稳定性**

药球篇

BOSU球篇

动作要点

1 练习者坐于垫上，臀部和双脚着地。双膝屈曲，双脚分开，与髋同宽，脚尖朝前。双肘屈曲，双手呈接球姿势于胸前，做好接球准备。同伴面向练习者直立，手持药球于胸前，做好抛球准备。

2 同伴向练习者抛球，练习者双手接球，随后上半身后仰以缓冲。练习者在背部着地时，手持药球移至头顶。

3 利用腹肌的力量拉起上半身，同时尽可能快速地双手抛球给同伴。同伴双手接球。

↻ 回到起始姿势。重复规定的次数。

3.2.2 下肢跳跃

训练部位 **下肢、核心**

主要肌肉 **臀大肌、股四头肌、腘绳肌、内收肌、腓肠肌、比目鱼肌、核心肌群**

训练板块 **爆发力练习、稳定性练习**

训练目标 **力量、爆发力**

注意事项 **前膝盖不超过脚尖，腹部收紧，上半身挺直，且不要憋气**

药球 - 双侧交替弓步跳

动作要点

1 前后分腿站立，双膝屈曲 90 度，左脚在前。手持药球于左腿上方，双肘屈曲。

2 持球上摆，同时向上跳跃，在空中交换双腿的位置。落地，前后分腿站立，双膝屈曲 90 度，右脚在前，同时手持药球移至右腿处。

↻ 重复要点 2，回到起始姿势。重复规定的次数。

3.2.3 **旋转抛接**

药球 - 俄罗斯旋转

训练部位	**上肢、核心**
主要肌肉	**核心肌群、三角肌、上臂肌群**
训练板块	**爆发力练习、力量练习**
训练目标	**力量、爆发力、核心稳定性**
注意事项	**在练习中保持双脚离开地面且不要憋气**

药球篇

动作要点

1 坐于垫上，臀部着地。双膝屈曲，双脚离地。手持药球于腹部前方，双肘屈曲。

2 利用腹肌的力量转动上半身，双肩带动双臂移动，将药球移至身体右侧，随后移至身体左侧。全程保持下背部挺直。重复规定的次数。

BOSU球篇

药球 - 俄罗斯旋转 - 侧向抛接球 - 双脚支撑

1

训练部位	**上肢、核心**
主要肌肉	**核心肌群、三角肌、上臂肌群**
训练板块	**爆发力练习、力量练习**
训练目标	**力量、爆发力、核心稳定性**
注意事项	**此练习要求在接球后身体转向另一侧，再快速向接球侧旋转，并在这个过程中的最大速度处将球抛出，而非在动作的最后一刻进行抛球**

2

药球篇

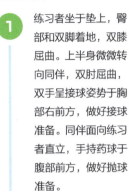
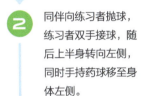

动作要点

1　练习者坐于垫上，臀部和双脚着地，双膝屈曲。上半身微微转向同伴，双肘屈曲，双手呈接球姿势于胸部右前方，做好接球准备。同伴面向练习者直立，手持药球于腹部前方，做好抛球准备。

2　同伴向练习者抛球，练习者双手接球，随后上半身转向左侧，同时手持药球移至身体左侧。

3　练习者上半身迅速向身体右侧旋转，同时双手抛球给同伴。同伴双手接球，回到起始姿势。重复规定的次数，对侧亦然。

3.2.4 提拉劈砍

药球 - 站姿 - 侧向下砍

训练部位　**上肢、核心**

主要肌肉　**核心肌群、三角肌、上臂肌群**

训练板块　**爆发力练习、力量练习**

训练目标　**力量、爆发力、核心稳定性**

动作要点

1 直立，双脚分开，略比肩宽。手持药球于腹部前方，双肘屈曲。

2 将药球移至头部左侧。

3 屈髋屈膝，向右侧转体，脚尖随即指向右侧，同时尽可能快速地将药球砸向身体右前方的地面。重复规定的次数。

1

2

3

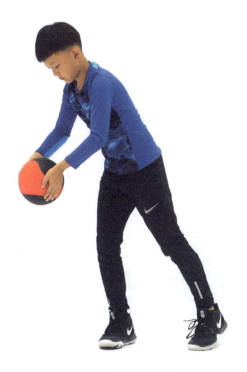

药球篇

BOSU 球篇

3.2.5 胸前推球

药球 - 跪姿 - 胸前推球

训练部位　**上肢、核心**

主要肌肉　**核心肌群、三角肌、上臂肌群**

训练板块　**爆发力练习、力量练习、稳定性练习**

训练目标　**力量、爆发力、核心稳定性**

动作要点

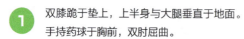
1 双膝跪于垫上,上半身与大腿垂直于地面。手持药球于胸前,双肘屈曲。

2 双臂伸直,尽可能快速地将药球向前推出。

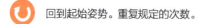
回到起始姿势。重复规定的次数。

药球 - 半跪姿 - 胸前推球

训练部位　**上肢、核心**

主要肌肉　**核心肌群、三角肌、上臂肌群**

训练板块　**爆发力练习、力量练习、稳定性练习**

训练目标　**力量、爆发力、核心稳定性**

药球篇

动作要点

1 双膝屈曲呈 90 度，左脚在前，右膝跪于垫上。手持药球，双肘屈曲。

2 双臂伸直，尽可能快速地将药球向前推出。

↻ 回到起始姿势。重复规定的次数。对侧亦然。

药球 - 分腿姿 - 胸前推球

训练部位 **上肢、核心**

主要肌肉 **核心肌群、三角肌、上臂肌群**

训练板块 **爆发力练习、力量练习、稳定性练习**

训练目标 **力量、爆发力、核心稳定性**

动作要点

1 采用弓步姿势，左脚在前。手持药球于胸前，双肘屈曲。

2 尽可能快速地将药球向前推出。

↻ 回到起始姿势。重复规定的次数。对侧亦然。

药球 - 站姿 - 胸前推球

训练部位	**上肢、核心**
主要肌肉	**核心肌群、三角肌、上臂肌群**
训练板块	**爆发力练习、力量练习**
训练目标	**力量、爆发力、核心稳定性**

动作要点

1 直立，双脚分开，略窄于肩宽。手持药球，双臂伸直，与地面平行。

2 手持药球移至胸前，随后尽可能快速地将药球向前推出。

↻ 回到起始姿势。重复规定的次数。

药球 - 基本姿 - 胸前推球

训练部位　**上肢、核心**

主要肌肉　**核心肌群、三角肌、上臂肌群**

训练板块　**爆发力练习、力量练习**

训练目标　**力量、爆发力、核心稳定性**

注意事项　**避免膝内扣**

动作要点

1　半蹲，双脚分开，与肩同宽。手持药球，双臂伸直，与地面平行。

2　手持药球移至胸前，随后尽可能快速地将药球向前推出。

↻　回到起始姿势。重复规定的次数。

药球 - 单腿军步 - 胸前推球

训练部位	**上肢、核心**
主要肌肉	**核心肌群、三角肌、上臂肌群**
训练板块	**爆发力练习、力量练习、稳定性练习**
训练目标	**力量、爆发力、核心稳定性**

药球篇

动作要点

1 左腿伸直撑地，右腿屈髋屈膝呈 90 度，使大腿与地面平行。手持药球于胸前，双臂伸直。

2 手持药球移至胸前，随后尽可能快速地将药球向前推出。

↺ 回到起始姿势。重复规定的次数。对侧亦然。

BOSU球篇

3.2.6 过顶抛球

药球 - 跪姿 - 过顶抛球

训练部位 **上肢、核心**

主要肌肉 **核心肌群、三角肌、上臂肌群**

训练板块 **爆发力练习、力量练习、稳定性练习**

训练目标 **力量、爆发力、核心稳定性、协调**

注意事项 **保持躯干挺直**

动作要点

1 双膝跪于垫上，上半身与大腿垂直于地面。手持药球于头顶后方，双肘微屈。

2 将药球移至头部后方，随后尽可能快速地将药球向前抛出。

↻ 回到起始姿势。重复规定的次数。

药球 - 半跪姿 - 过顶抛球

训练部位	**上肢、核心**
主要肌肉	**核心肌群、三角肌、上臂肌群**
训练板块	**爆发力练习、力量练习、稳定性练习**
训练目标	**力量、爆发力、核心稳定性**

动作要点

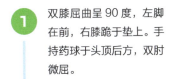 双膝屈曲呈90度，左脚在前，右膝跪于垫上。手持药球于头顶后方，双肘微屈。

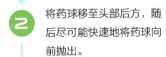 将药球移至头部后方，随后尽可能快速地将药球向前抛出。

回到起始姿势。重复规定的次数。

药球篇

BOSU球篇

药球 - 分腿姿 - 过顶抛球

训练部位　**上肢、核心**

主要肌肉　**核心肌群、三角肌、上臂肌群**

训练板块　**爆发力练习、力量练习、稳定性练习**

训练目标　**力量、爆发力、核心稳定性**

动作要点

1 采用弓步姿势，左脚在前。手持药球于头顶后方，双肘微屈。

2 将药球移至头部后方，随后尽可能快速地将药球向前抛出。

↻ 回到起始姿势。重复规定的次数。

药球 - 站姿 - 过顶抛球

训练部位　**上肢、核心**

主要肌肉　**核心肌群、三角肌、上臂肌群**

训练板块　**爆发力练习、力量练习**

训练目标　**力量、爆发力、核心稳定性**

1

2 ↻

动作要点

1 直立，双脚分开，略窄于肩宽。手持药球于头顶后方，双肘微屈。

↓

2 将药球移至头部后方，随后尽可能快速地将药球向前抛出。

↓

↻ 回到起始姿势。重复规定的次数。

药球篇

BOSU球篇

药球 - 基本姿 - 过顶抛球

训练部位 **上肢、核心**

主要肌肉 **核心肌群、三角肌、上臂肌群**

训练板块 **爆发力练习、力量练习**

训练目标 **力量、爆发力、核心稳定性**

动作要点

1 屈髋屈膝呈半蹲姿势,双脚分开,与肩同宽。手持药球于头顶后方,双肘微屈。

2 将药球移至头部后方,随后尽可能快速地将药球向前抛出。

↻ 回到起始姿势。重复规定的次数。

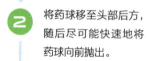

药球 - 跪姿 - 平行旋转抛球

训练部位　**上肢、核心**

主要肌肉　**核心肌群、三角肌、上臂肌群**

训练板块　**爆发力练习、力量练习、稳定性练习**

训练目标　**力量、爆发力、核心稳定性**

1

动作要点

1. 双膝跪于垫上，上半身与大腿垂直于地面。手持药球于腹部前方，双肘微屈。

2. 上半身向左侧旋转，同时双膝屈曲至臀部触碰脚跟，双手持球移至髋部左侧。随后髋部发力，带动上半身转回至朝向前方，同时起身至大腿与地面垂直，双手尽可能快速地将药球向前抛出。

↻ 回到起始姿势。重复规定的次数。对侧亦然。

2 ↻

药球篇

BOSU球篇

药球 - 半跪姿 - 平行旋转抛球 - 对侧

训练部位 上肢、核心

主要肌肉 核心肌群、三角肌、上臂肌群

训练板块 爆发力练习、力量练习、稳定性练习

训练目标 力量、爆发力、核心稳定性

动作要点

1 双膝屈曲呈 90 度，右脚在前，左膝跪于垫上。手持药球于身体前方，双肘屈曲。

2 上半身向左侧旋转，同时重心后移，左侧大腿和小腿的夹角减小，双手持球移至身体左侧。随后髋部发力，带动上半身转回至朝向前方，同时起身至左侧大腿与地面垂直，双手尽可能快速地将药球向前抛出。

↻ 回到起始姿势。重复规定的次数。对侧亦然。

药球 - 半跪姿 - 平行旋转抛球 - 同侧

训练部位　**上肢、核心**

主要肌肉　**核心肌群、三角肌、上臂肌群**

训练板块　**爆发力练习、力量练习、稳定性练习**

训练目标　**力量、爆发力、核心稳定性**

药球篇

动作要点

1 双膝屈曲呈 90 度，左脚在前，右膝跪于垫上。手持药球于身体前方，双肘屈曲。

2 上半身向左侧旋转，双手持球移至身体左侧。随后髋部发力，带动上半身转回至朝向前方，双手尽可能快速地将药球向前抛出。

↻ 回到起始姿势。重复规定的次数。对侧亦然。

BOSU 球篇

药球 - 分腿姿 - 平行旋转抛球

训练部位　**上肢、核心**

主要肌肉　**核心肌群、三角肌、上臂肌群**

训练板块　**爆发力练习、力量练习、稳定性练习**

训练目标　**力量、爆发力、核心稳定性**

动作要点

1 采用弓步姿势，左脚在前。手持药球于腹部前方，双肘屈曲。

2 上半身向左侧旋转，同时下蹲至双膝屈曲 90 度，双手持球移至髋部左侧。随后髋部发力，带动上半身转回至朝向前方，同时起身，上半身前倾，双手尽可能快速地将药球向前抛出。

↻ 回到起始姿势。重复规定的次数。对侧亦然。

3.2.8 垂直旋转抛球

药球 - 跪姿 - 垂直旋转抛球

训练部位　**上肢、核心**

主要肌肉　**核心肌群、三角肌、上臂肌群**

训练板块　**爆发力练习、力量练习、稳定性练习**

训练目标　**力量、爆发力、核心稳定性**

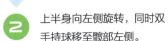
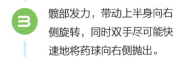

动作要点

1　双膝跪于垫上。手持药球于胸前，双肘屈曲。

2　上半身向左侧旋转，同时双手持球移至髋部左侧。

3　髋部发力，带动上半身向右侧旋转，同时双手尽可能快速地将药球向右侧抛出。

↻　回到起始姿势。重复规定的次数。对侧亦然。

药球篇

BOSU球篇

药球 - 半跪姿 - 垂直旋转抛球

训练部位　**上肢、核心**

主要肌肉　**核心肌群、三角肌、上臂肌群**

训练板块　**爆发力练习、力量练习、稳定性练习**

训练目标　**力量、爆发力、核心稳定性**

动作要点

1 双膝屈曲呈 90 度，左脚在前，右膝跪于垫上。手持药球于胸前，双肘屈曲。

2 上半身向左侧旋转，同时双手持球移至髋部左侧。

3 髋部发力，带动上半身向右侧旋转，双手尽可能快速地将药球向右侧抛出。

↻ 回到起始姿势。重复规定的次数。对侧亦然。

1

2

3 **↻**

药球 - 分腿姿 - 垂直旋转抛球

训练部位	**上肢、核心**
主要肌肉	**核心肌群、三角肌、上臂肌群**
训练板块	**爆发力练习、力量练习、稳定性练习**
训练目标	**力量、爆发力、核心稳定性**

药球篇

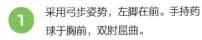

动作要点

 采用弓步姿势，左脚在前。手持药球于胸前，双肘屈曲。

 上半身向右侧旋转，同时重心后移，右膝屈曲，双手持球移至髋部右侧。

 髋部发力，带动上半身向左侧旋转，同时双手尽可能快速地将药球向左侧抛出。

回到起始姿势。重复规定的次数。对侧亦然。

BOSU篇

药球 - 站姿 - 垂直旋转抛球

训练部位 **上肢、核心**

主要肌肉 **核心肌群、三角肌、上臂肌群**

训练板块 **爆发力练习、力量练习、稳定性练习**

训练目标 **力量、爆发力、核心稳定性**

动作要点

1 直立，双脚分开，大于肩宽。手持药球于胸前，双肘屈曲。

2 上半身向左侧旋转，同时俯身，双手持球移至髋部左侧。

3 髋部发力，带动上半身向右侧旋转，同时双手尽可能快速地将药球向右侧抛出。

↻ 回到起始姿势。重复规定的次数。对侧亦然。

3.2.9 过顶砸球

①

②

③ ↻

药球 - 跪姿 - 过顶砸球

训练部位　**上肢、核心**

主要肌肉　**核心肌群、三角肌、上臂肌群**

训练板块　**爆发力练习、力量练习、稳定性练习**

训练目标　**力量、爆发力、核心稳定性**

动作要点

 双膝分开，与肩同宽跪于垫上，手持药球于胸前，双肘屈曲。

 快速地将药球经头顶移至头部后方，同时身体微微后斜。

 髋部发力，带动上半身前倾，同时双手尽可能快速地将药球砸向身体前方的地面。

↻ 回到起始姿势。注意动作的连贯。重复规定的次数。

药球－跪姿－旋转过顶砸球

训练部位 **上肢、核心**

主要肌肉 **核心肌群、三角肌、上臂肌群**

训练板块 **爆发力练习、力量练习、稳定性练习**

训练目标 **力量、爆发力、核心稳定性**

动作要点

 双膝跪于垫上。手持药球于腹部前方，双肘屈曲。

 髋部和躯干发力，上半身先向左侧旋转，再向右侧旋转，同时双手持球快速地向左上方移动，再经头顶移至右上方。

 利用腹部和上背部肌肉的力量，双手尽可能快速地将药球砸向身体右侧的地面。球反弹回手，双手持球。

回到起始姿势。注意动作的连贯。重复规定的次数。

BOSU 球篇

3.3 站姿训练

3.3.1 双腿在球上

BOSU 球 - 稳定面 - 双腿平衡站立 - 双臂前平举 - 静态半蹲

训练部位 **核心、下肢**

主要肌肉 **核心肌群、股四头肌、臀部肌群、踝关节肌群**

训练板块 **力量练习、稳定性练习**

训练目标 **平衡、协调、稳定**

注意事项 **保持背部挺直，腹部收紧，避免膝内扣**

动作要点

BOSU 球的稳定面朝下置于地面。站于 BOSU 球的非稳定面上，双脚分开，与肩同宽。双臂前平举。身体慢慢下蹲，膝盖尽量不要超过脚尖，保持稳定。保持规定的时间。

BOSU 球 - 非稳定面 - 双腿平衡站立 - 手持药球平衡深蹲

训练部位　**核心、下肢**

主要肌肉　**核心肌群、股四头肌、臀部 肌群、小腿三头肌**

训练板块　**力量练习、稳定性练习**

训练目标　**平衡、协调、稳定**

动作要点

BOSU 球的非稳定面朝下置于地面。站于 BOSU 球的稳定面上，双脚分开，与肩同 宽。手持药球于胸前，双臂伸直。身体慢慢 下蹲，膝盖尽量不要超过脚尖，保持稳定。 保持规定的时间。

药球篇

BOSU 球篇

BOSU 球 - 稳定面 - 动态深蹲

训练部位 **核心、下肢**

主要肌肉 **核心肌群、股四头肌、臀部肌群、小腿三头肌、踝关节肌群**

训练板块 **力量练习、稳定性练习**

训练目标 **平衡、协调、稳定**

注意事项 **在整个过程中保持稳定，避免耸肩和膝内扣**

动作要点

1 BOSU 球的稳定面朝下置于地面。站于 BOSU 球的非稳定面上，双脚分开，与肩同宽。双臂前平举，双手微握拳。

2 身体慢慢下蹲，膝盖尽量不要超过脚尖。全程保持稳定。

↻ 回到起始姿势。重复规定的次数。

3.3.2 单腿在球上

BOSU 球 - 稳定面 - 单腿平衡站立 - 保持静态稳定

训练部位 **核心、下肢**

主要肌肉 **核心肌群、股四头肌、臀部肌群、踝关节肌群**

训练板块 **力量练习、平衡性练习、稳定性练习**

训练目标 **平衡、协调、稳定**

注意事项 **在整个过程中，保持脚尖朝前，且膝盖与脚尖朝向一致；保持稳定，避免憋气和膝内扣**

动作要点

BOSU 球的稳定面朝下置于地面。单腿站于 BOSU 球的非稳定面上，保持稳定。保持规定的时间。

BOSU 球篇

BOSU 球 - 稳定面 - 单腿平衡站立 - 瑜伽树式

训练部位　**核心、下肢**

主要肌肉　**核心肌群、股四头肌、臀部肌群、踝关节肌群**

训练板块　**力量练习、平衡性练习、稳定性练习**

训练目标　**平衡、协调、稳定**

动作要点

BOSU 球的稳定面朝下置于地面。单腿站于 BOSU 球的非稳定面上, 非支撑腿的膝关节向外屈曲, 脚抵支撑腿的膝盖。双手叉腰, 保持稳定。保持规定的时间。可通过改变上肢的动作进行瑜伽树式的进阶: 双手在胸前合十、双手上举合十。

BOSU 球 - 稳定面 - 燕式平衡

训练部位　**核心、下肢**

主要肌肉　**核心肌群、股四头肌、臀部肌群、股后肌群、踝关节肌群**

训练板块　**力量练习、平衡性练习、稳定性练习**

训练目标　**平衡、协调、稳定**

注意事项　**躯干、非支撑腿和双臂呈一条直线**

动作要点

BOSU 球的稳定面朝下置于地面。单腿站于 BOSU 球的非稳定面上，向前俯身，同时非支撑腿抬高，双臂向前伸直并抬高，最终躯干、非支撑腿、双臂与地面平行，保持稳定。保持规定的时间。

BOSU 球篇

BOSU 球 - 稳定面 - 单腿支撑 - 对侧腿外展

训练部位　**核心、下肢**

主要肌肉　**核心肌群、股四头肌、臀部肌群、踝关节肌群**

训练板块　**力量练习、平衡性练习、稳定性练习**

训练目标　**平衡、协调、稳定**

动作要点

BOSU 球的稳定面朝下置于地面。单腿站于 BOSU 球的非稳定面上，双臂侧平举，非支撑腿向外抬高至与地面平行，保持稳定。保持规定的时间。

BOSU 球 - 稳定面 - 单腿支撑 - 对侧腿屈伸

训练部位　**核心、下肢**

主要肌肉　**核心肌群、股四头肌、臀大肌、踝关节肌群**

训练板块　**力量练习、平衡性练习、稳定性练习**

训练目标　**平衡、协调、稳定**

注意事项　**保持身体稳定**

动作要点

1 BOSU 球的稳定面朝下置于地面。单腿站于 BOSU 球的非稳定面上，双臂侧平举，非支撑腿向前抬高，再回到原处。

2 非支撑腿向外抬高，再回到原处。

3 非支撑腿向后抬高，再回到原处。全程保持稳定。

↻ 回到起始姿势。重复规定的次数。

BOSU 球篇

1

BOSU 球 - 稳定面 - 三方式深蹲

训练部位 核心、下肢

主要肌肉 核心肌群、股四头肌、臀部肌群、小腿三头肌

训练板块 力量练习、稳定性练习

训练目标 平衡、协调、稳定

注意事项 保持身体稳定，避免膝内扣

2

3

动作要点

1 BOSU 球的稳定面朝下置于地面。直立，右脚踩于地面，左脚踩于 BOSU 球的非稳定面上。双臂前平举。

2 身体下蹲，膝盖尽量不要超过脚尖。

3 起身直立，双脚踩于 BOSU 球的非稳定面上，身体下蹲。

4 起身直立，左脚踩于地面，右脚踩于 BOSU 球的非稳定面上。身体下蹲。全程保持稳定且手臂姿势不变。

↻ 起身直立，倒序完成上述动作，回到起始姿势。重复规定的次数。

4 **↻**

药球篇

BOSU 球篇

3.3.3 跳跃练习

BOSU 球 – 稳定面 – 双腿起跳稳定落在球上

训练部位	**核心、下肢**
主要肌肉	**核心肌群、股四头肌、臀部肌群、小腿三头肌**
训练板块	**力量练习**
训练目标	**平衡、协调**
注意事项	**双脚落在BOSU 球面上后，屈髋屈膝，迅速降低身体重心，以保持平衡**

1

动作要点

1 BOSU球的稳定面朝下置于地面。在距离 BOSU 球适当距离的地方，面向 BOSU 球呈起跳姿势。

2 双腿起跳，落于 BOSU 球的非稳定面上。

↻ 回到起始姿势。重复规定的次数。

2 ↻

BOSU 球 - 稳定面 - 单腿 - 分腿蹲 - 爆发力上跳

训练部位　**核心、下肢**

主要肌肉　**核心肌群、股四头肌、臀部**
　　　　　肌群、小腿三头肌

训练板块　**力量练习、稳定性练习**

训练目标　**平衡、协调、稳定**

动作要点

1 BOSU 球的稳定面朝下置于地面。采用弓步姿势，左脚踩于地面，右脚踩于 BOSU 球的非稳定面上。

2 尽可能高地向上跳，双臂上摆至与地面垂直。落地时仍呈弓步姿势，但双脚交换位置，右脚踩于地面，左脚踩于 BOSU 球的非稳定面上。

↻ 按动作要点 2 再次起跳，落地时交换双脚的位置，回到起始姿势。重复规定的次数。

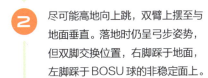

3.4 分腿姿训练

BOSU 球 - 稳定面 - 后脚抬高分腿蹲 - 静态

训练部位 **核心、下肢**

主要肌肉 **核心肌群、股四头肌、臀部肌群、小腿三头肌**

训练板块 **力量练习、稳定性练习**

训练目标 **平衡、协调、稳定**

> **动作要点**
>
> BOSU 球的稳定面朝下置于地面。背对 BOSU 球，采用弓步姿势，左脚踩于地面，右脚置于 BOSU 球的非稳定面上。双手抱拳于胸前，保持稳定。保持规定的时间。

BOSU 球 - 稳定面 - 后脚抬高分腿蹲 - 动态

训练部位　**核心、下肢**

主要肌肉　**核心肌群、股四头肌、臀部肌群、小腿三头肌**

训练板块　**力量练习、稳定性练习**

训练目标　**平衡、协调、稳定**

动作要点

1. BOSU 球的稳定面朝下置于地面。背对 BOSU 球，双脚前后分开适当的距离，左脚踩于地面，右脚置于 BOSU 球的非稳定面上。

2. 身体下蹲至左侧大腿与地面平行。

↻ 回到起始姿势。重复规定的次数。

BOSU 球 – 稳定面 – 前脚抬高分腿蹲 – 静态

训练部位 **核心、下肢**

主要肌肉 **核心肌群、股四头肌、臀部肌群、小腿三头肌**

训练板块 **力量练习、稳定性练习**

训练目标 **平衡、协调、稳定**

动作要点

BOSU 球的稳定面朝下置于地面。采用弓步姿势，左脚踩于地面，右脚踩于 BOSU 球的非稳定面上。双臂自然下垂于体侧，保持稳定。保持规定的时间。

BOSU 球 - 稳定面 - 前脚抬高分腿蹲 - 动态

训练部位 **核心、下肢**

主要肌肉 **核心肌群、股四头肌、臀部肌群、小腿三头肌**

训练板块 **力量练习、稳定性练习**

训练目标 **平衡、协调、稳定**

动作要点

 **1** BOSU 球的稳定面朝下置于地面。双脚前后分开适当的距离，左脚踩于地面，右脚踩于BOSU 球的非稳定面上。

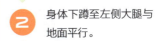 **2** 身体下蹲至左侧大腿与地面平行。

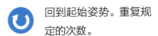 回到起始姿势。重复规定的次数。

3.5 俯卧姿训练

3.5.1 手在球上

BOSU 球 - 稳定面 - 俯卧 - 双手在球上俯卧撑

训练部位 **核心、上肢**

主要肌肉 **核心肌群、胸大肌、肱三头肌、三角肌**

训练板块 **力量练习**

训练目标 **平衡、协调、稳定**

注意事项 **在撑起与下降阶段,肩带、双臂保证稳定,避免躯干晃动**

动作要点

1 BOSU 球的稳定面朝下置于地面。采用俯卧撑姿势,双手撑于 BOSU 球的非稳定面上,双脚撑于地面,身体呈一条直线。

2 身体下降至双肘屈曲 90 度。

↻ 向上推起身体,回到起始姿势。全程保持背部挺直,身体稳定。重复规定的次数。

1

2 ↻

BOSU 球 - 稳定面 - 俯卧 - 交替登山步

训练部位 **核心、下肢**

主要肌肉 **核心肌群、股四头肌、臀部 肌群、小腿三头肌、髂肌**

训练板块 **力量练习、稳定性练习**

训练目标 **平衡、协调、稳定**

动作要点

1 BOSU 球的稳定面朝下置于地面。采用俯卧撑姿势,双手撑于 BOSU 球的非稳定面上,双脚撑于地面,身体呈一条直线。

2 身体两侧交替屈髋屈膝,使双膝交替向胸部靠近。全程保持背部挺直,身体稳定。

↻ 重复规定的次数。回到起始姿势。

BOSU 球 - 非稳定面 - 俯卧 - 交替登山步

训练部位	**核心、下肢**
主要肌肉	**肩关节肌群、核心肌群、股四头肌、臀部肌群、小腿三头肌**
训练板块	**力量练习、稳定性练习**
训练目标	**平衡、协调、稳定**
注意事项	**不要耸肩**

动作要点

1 BOSU 球的非稳定面朝下置于地面。采用俯卧撑姿势，双手撑于 BOSU 球的稳定面上，双脚撑于地面，身体呈一条直线。

2 身体两侧交替屈髋屈膝，使双膝交替向胸部靠近。全程保持背部挺直，身体稳定。

↻ 重复规定的次数。回到起始姿势。

3.5.2 　肘在球上

BOSU 球 - 稳定面 - 俯卧 - 肘撑 - 双腿交替蜘蛛侠

1

训练部位	**核心**
主要肌肉	**肩关节肌群、核心肌群、股四头肌、臀部肌群、小腿三头肌**
训练板块	**力量练习、稳定性练习**
训练目标	**平衡、协调、稳定**

2 ↻

动作要点

1 BOSU 球的稳定面朝下置于地面。采用俯卧撑姿势，双肘撑于 BOSU 球的非稳定面上，双脚撑于地面，身体呈一条直线。

2 身体两侧交替髋外旋、屈膝，使双膝交替向同侧肘部靠近。全程保持背部挺直，身体稳定。

↻ 重复规定的次数。回到起始姿势。

BOSU 球 - 稳定面 - 俯卧 - 肘在球上 - 平板支撑

训练部位 **核心**

主要肌肉 **核心肌群**

训练板块 **力量练习、稳定性练习**

训练目标 **平衡、协调、稳定**

注意事项 **避免腰部下塌，腰背部主动发力，且不要憋气**

动作要点

BOSU 球的稳定面朝下置于地面。双肘撑于 BOSU 球的非稳定面上，双脚撑于地面，身体呈一条直线。全程保持背部挺直，身体稳定。保持规定的时间。

3.5.3 脚在球上

BOSU 球 - 稳定面 - 俯卧 - 脚在球上 - 平板支撑

训练部位　**核心**

主要肌肉　**核心肌群、踝关节肌群**

训练板块　**力量练习、稳定性练习**

训练目标　**平衡、协调、稳定**

注意事项　**避免腰部下塌，腰背部主动发力**

动作要点

BOSU 球的稳定面朝下置于地面。双脚撑于 BOSU 球的非稳定面上，双肘撑于地面，身体呈一条直线。全程保持背部挺直，身体稳定。保持规定的时间。

BOSU 球篇

BOSU 球 - 稳定面 - 俯卧 - 脚在球上 - 俯卧撑

训练部位　**核心、上肢、下肢**

主要肌肉　**核心肌群、三角肌、胸大肌、肱三头肌**

训练板块　**力量练习、稳定性练习**

训练目标　**平衡、协调、稳定**

注意事项　**在俯卧撑动作过程中双腿保持夹紧，避免躯干晃动和耸肩**

动作要点

1　BOSU球的稳定面朝下置于地面。双脚撑于BOSU球的非稳定面上，双手撑于地面，身体呈一条直线，呈俯卧撑准备姿势。

2　身体下降至双肘屈曲90度。

↻　向上推起身体，回到起始姿势。全程保持背部挺直，身体稳定。重复规定的次数。

1

2 ↻

3.5.4 身体在球上

BOSU 球 - 稳定面 - 俯卧 - 两头起

训练部位　**核心**

主要肌肉　**核心肌群、竖脊肌、臀大肌**

训练板块　**力量练习、稳定性练习**

训练目标　**平衡、协调、稳定**

动作要点

BOSU 球的稳定面朝下置于地面。俯卧，腹部撑于 BOSU 球的非稳定面上。双臂屈曲，双手轻触同侧耳部。随后躯干上部和双腿尽力向上抬起，稍作停顿，回到起始姿势。全程保持身体稳定。重复规定的次数。

BOSU 球篇

CHAPTER 04 第四章

训练计划

　　要想设计一份合理的训练计划，必须明确个人的训练需求，并遵循一定的原则。本章将介绍训练参数的含义和儿童训练计划的制定原则，并提供满足个性化需求的训练计划示例，以供参考。

4.1 儿童训练计划制定原则

制定儿童训练计划时，应遵循以下原则。

（1）在设计具体训练计划之前，要为儿童明确具体的训练目标。首先，教练或老师要起主导作用，根据之前的测试、评价和信息，以及儿童身体发育敏感期的相关知识，制定适合儿童个体的个性化训练方案。其次，儿童也需要参与计划制定过程，通过为自己设定目标，让儿童对自己的身体负责。同时儿童可以表达出自己的需求、爱好，并且在训练中积极进行信息反馈。利用不断地反馈和调整逐渐培养其独立思考的能力，使他们在此过程中得到更好的成长。同时，更高的参与度也会使他们在训练当中发挥出更大的积极性。此外，在设立儿童的训练目标时，要综合考虑到实际生理年龄、发育水平、训练动机、家长诉求、情绪状态、当前的身体素质和体育活动水平、个人活动兴趣、同伴影响等多种因素。

（2）对儿童进行全面的身体评估，包括基本健康状况（是否有损伤及损伤的原因）、当前身体状态及身体素质测试。身体素质测试一般包括心肺耐力、身体成分、肌肉力量和肌肉耐力、柔韧性等。测试结果的评估与分析将直接影响训练计划的制定与实施。

（3）计划要全面，包含各项身体素质（力量、耐力、柔韧性、稳定性、协调性、灵敏性等）。儿童处于快速生长时期，这个阶段采用丰富的训练手段来全面发展各项身体素质，不仅能够给儿童带来训练乐趣，提高参与积极性，还能够为今后的发展打下扎实的体能基础。

（4）训练计划要均衡。身体上肢、下肢，前侧、后侧，躯干部位的训练都要涉及，避免不平衡训练带来的不良体态及运动损伤。

（5）采用适当的频率和强度。由于儿童身体发育不成熟，频繁的训练及过大的训练强度可能会适得其反，这会影响儿童参加训练的积极性，同时会打击他们的自信心。建议儿童每周参加2到3次的训练。

（6）计划要具有渐进性。渐进性则意味着进步，应通过逐渐增加训练频率、强度和时间，来渐进式地提高儿童的身体素质。

（7）计划要有趣味性和互动性。针对儿童的生理和心理特点，必须重视在这个年龄阶段趣味和互动的重要性，不能一味地枯燥教学或者军事化管理，要通过各种方法手段、语言指引、器械设备等充分调动儿童的积极性，让他们感觉不是在训练，而是在"玩"！

4.2 训练节奏与间歇

训练动作固然重要，但训练时的动作节奏与间歇时间才是成功的关键。我们通常把动作节奏定义为某些数字，如果动作的离心阶段是2秒，等长阶段是2秒，向心阶段是1秒，则表示为2-2-1。例如进行杠铃深蹲练习时，身体从站姿向下蹲的过程为2秒，到达最低位置时保持2秒，从深蹲姿势到站立过程为1秒。当然训练目的不同，动作节奏也不同。

间歇时间是指两组练习之间或者两个动作之间的间隔时间，它决定着训练的强度。当儿童逐渐适应了训练计划以后，就可以缩短组间或者动作之间的休息时间，从而提高训练强度。而如果我们采用更大的训练负荷时，那么间歇时间需要相应增加，让机体有更充分的恢复时间，这样能够有效地避免过度训练以及可能带来的运动损伤。

4.3 儿童药球练习训练方案

训练计划1：上肢爆发力训练方案

训练目的： 提升儿童的关节控制能力，增强平衡感，降低神经连接的反应时间，同时改善单位时间内神经募集肌肉的能力，从而提高上肢爆发力。

页码	动作图片	动作名称	组数	重复次数／保持时间	练习节奏	间歇时间
37		药球-半跪姿-胸前推球	2组（左右两侧各1组）	6次	快速	60秒
38		药球-分腿姿-胸前推球	2组（左右两侧各1组）	6次	快速	60秒
46		药球-基本姿-过顶抛球	1组	8次	中速	60秒
43		药球-半跪姿-过顶抛球	1组	8次	中速	60秒

训练计划 2：腿部强化训练方案

训练目的： 增加下肢肌肉力量，避免关节损伤，防止身体形态发育不良，促进身高增长，提高运动表现和儿童的运动自信心。

页码	动作图片	动作名称	组数	重复次数 / 保持时间	练习节奏	间歇时间
21		药球 - 训练椅深蹲	1 组	8 次	2-1-1	60 秒
22		药球 - 双侧交替 弓步	2 组 （左右两侧 各1组）	6 次	中速	60 秒
20		药球 - 双腿深蹲	1 组	8 次	2-1-1	60 秒
50		药球 - 分腿姿 - 平行旋转抛球	2 组 （左右两侧 各1组）	6 次	中速	60 秒

训练计划 3：活力四射训练方案

训练目的： 打造挺拔坚实的身躯，提升儿童在对抗性体育运动中的表现，增强自信心，改善关节控制能力，增强躯干核心力量和四肢的爆发力，同时提升平衡感及反应速度。

页码	动作图片	动作名称	组数	重复次数 / 保持时间	练习节奏	间歇时间
34		药球 - 站姿 - 侧向下砍	1 组	12 次（左右两侧各 6 次）	中速	30 秒
46		药球 - 基本姿 - 过顶抛球	1 组	8 次	中速	30 秒
22		药球 - 双侧交替弓步	2 组（左右两侧各 1 组）	6 次	中速	60 秒
55		药球 - 跪姿 - 过顶砸球	1 组	8 次	中速	30 秒
30		药球 - 双侧交替弓步跳	1 组	10 次（左右两侧各 5 次）	中速	60 秒
53		药球 - 分腿姿 - 垂直旋转抛球	1 组	12 次（左右两侧各 6 次）	中速	30 秒

训练计划 4：核心力量训练方案

训练目的： 建立强大的核心，在日常生活和运动过程中稳定脊柱，保证力量通过躯干可以得到有效的传递，优化动作模式，让动作更加经济、有效。

页码	动作图片	动作名称	组数	重复次数 / 保持时间	练习节奏	间歇时间
19		药球 - 平板支撑	1 组	15 秒	中速	30 秒
23		药球 - 标准仰卧起坐	1 组	10 次	中速	30 秒
31		药球 - 俄罗斯旋转	1 组	16 次	中速	30 秒
24		药球 - 俯身滚球行进	1 组	30 米	中速	30 秒

训练计划 5：核心爆发力训练方案

训练目的：增加儿童核心力量及爆发力，改善其核心肌群的控制能力，提高上下肢力的传递效率，降低动作过程中的能量损失，提升整体运动表现。

页码	动作图片	动作名称	组数	重复次数 / 保持时间	练习节奏	间歇时间
28		药球 - 仰卧起坐 - 过顶抛接球	1 组	8 次	起身快速，下放慢速	45 秒
26		药球 - 仰卧起坐 - 胸前抛接球	1 组	8 次	起身快速，下放慢速	45 秒
56		药球 - 跪姿 - 旋转过顶砸球	2 组（左右两侧各 1 组）	8 次	快速	60 秒
32		药球 - 俄罗斯旋转 - 侧向抛接球 - 双脚支撑	2 组（左右两侧各 1 组）	8 次	快速	60 秒

4.4 儿童 BOSU 球练习训练方案

训练计划 1：热身激活训练方案

训练目的： 通过不稳定的支撑动作，有效激活儿童躯干和上下肢的主要肌群，提高神经－肌肉连接的兴奋性，升高体温，加强核心力量，预防运动损伤。

页码	动作图片	动作名称	组数	重复次数 / 保持时间	练习节奏	间歇时间
58		BOSU 球 - 稳定面 - 双腿平衡站立 - 双臂 前平举 - 静态半蹲	1 组	15 秒	静态保持	10 秒
79		BOSU 球 - 稳定面 - 俯卧 - 脚在球上 - 平板支撑	1 组	15 秒	静态保持	10 秒
78		BOSU 球 - 稳定面 - 俯卧 - 肘在球上 - 平板支撑	1 组	15 秒	静态保持	10 秒
81		BOSU 球 - 稳定面 - 俯卧 - 两头起	1 组	6 次	慢速	10 秒

训练计划 2：平衡稳定性提升训练方案

训练目的： 提高儿童身体平衡和稳定控制的能力，减少运动中的受伤风险，使其在运动过程中的动作支撑更加稳定，提升整体运动表现，同时改善神经肌肉系统的协调能力，提升专注度。

页码	动作图片	动作名称	组数	重复次数/保持时间	练习节奏	间歇时间
61		BOSU 球-稳定面-单腿平衡站立-保持静态稳定	2 组（左右两侧各 1 组）	10 秒	静态保持	30 秒
72		BOSU 球-稳定面-前脚抬高分腿蹲-静态	2 组（左右两侧各 1 组）	10 秒	静态保持	30 秒
60		BOSU 球-稳定面-动态深蹲	1 组	6 次	中速	60 秒
63		BOSU 球-稳定面-燕式平衡	2 组（左右两侧各 1 组）	10 秒	静态保持	30 秒
71		BOSU 球-稳定面-后脚抬高分腿蹲-动态	2 组（左右两侧各 1 组）	6 次	中速	60 秒

训练计划 3：平衡稳定性进阶训练方案

训练目的： 提升儿童身体的综合平衡稳定能力和协调性，改善在跑、跳等体育活动中的身体姿态控制，增强踝关节力量，使落地更加稳定，同时预防下肢关节运动损伤。

页码	动作图片	动作名称	组数	重复次数 / 保持时间	练习节奏	间歇时间
63		BOSU 球 - 稳定面 - 燕式平衡	2 组 （左右两侧各 1 组）	10 秒	静态保持	30 秒
71		BOSU 球 - 稳定面 - 后脚抬高分腿蹲 - 动态	2 组 （左右两侧各 1 组）	6 次	中速	60 秒
68		BOSU 球 - 稳定面 - 双腿起跳稳定落在球上	1 组	6 次	慢速	60 秒
73		BOSU 球 - 稳定面 - 前脚抬高分腿蹲 - 动态	2 组 （左右两侧各 1 组）	6 次	中速	60 秒

训练计划 4：核心稳定性训练方案

训练目的： 通过各种动态稳定性练习，让儿童拥有更强大的核心，在运动过程中稳定脊柱，保证四肢力量可以得到有效的传递，确保动力链的完整。

页码	动作图片	动作名称	组数	重复次数 / 保持时间	练习节奏	间歇时间
75		BOSU 球 - 稳定面 - 俯卧 - 交替登山步	1 组	15 秒	中速	30 秒
78		BOSU 球 - 稳定面 - 俯卧 - 肘在球上 - 平板支撑	1 组	15 秒	静态保持	30 秒
77		BOSU 球 - 稳定面 - 俯卧 - 肘撑 - 双腿交替蜘蛛侠	1 组	10 次	中速	30 秒
79		BOSU 球 - 稳定面 - 俯卧 - 脚在球上 - 平板支撑	1 组	15 秒	静态保持	30 秒
76		BOSU 球 - 非稳定面 - 俯卧 - 交替登山步	1 组	15 秒	中速	30 秒

参考文献

[1] 王雄，沈兆喆．身体功能训练动作手册 [M]．北京：人民体育出版社，2014．

[2] Istvan Balyi, Richard Way, Colin Higgs. Long-Term Athlete Development [M]. Champaign, IL: Human Kinetics, 2013.

[3] Stephen J. Virgilio. Fitness Education for Children: A Team Approach [M]. Champaign, IL: Human Kinetics, 2012.

[4] Frances Cleland Donnelly, Suzanne S. Muller, David L. Gallahue. Developmental Physical Education for All Children: Theory into Practice (Fifth Edition) [M]. Champaign, IL: Human Kinetics, 2017.

[5] Shirley Holt, Hale Tina Hall. Lesson Planning for Elementary Physical Education: Meeting the National Standards & Grade-Level Outcomes [M]. Champaign, IL: Human Kinetics, 2016.

[6] Robert J. Doan, Lynn Couturier MacDonald, Stevie Chepko. Lesson Planning for Middle School Physical Education: Meeting the National Standards & Grade-Level Outcomes [M]. Champaign, IL: Human Kinetics, 2017.

[7] SHAPE America-Society of Health and Physical Educators. National Standards & Grade-Level Outcomes fork-12 physical education. Champaign, IL: Human Kinetics, 2014.

[8] Christine Galvan. Achieve Physical Education Curriculum (Sixth Edition). Gopher Sport, 2017.

[9] Ericsson, K. The influence of experience and deliberate practice on the development of superior performance., The Cambridge handbook of expertise and expert performance. Cambridge, UK: Cambridge University Press, 2006.

[10] Haibach, P. S., Reid, G., & Collier, D. J. Motor learning and development. Champaign, IL: Human Kinetics, 2011.

[11] Mitchell, S., Oslin, J., & Griffin, L. Teaching sport concepts and skills: A tactical games approach. Champaign, IL: Human Kinetics, 2006.

[12] A. Vonnie Colvin, EdD, Nancy J. Egner Markos, Med, Earlysville, Virginia. Teaching Fundamental Motor Skills (Third Edition). Champaign, IL: Human Kinetics, 2016.

[13] John Byl.101 Fun Warm-up and Cool-down games. Champaign, IL: Human Kinetics, 2014.

[14] 拉里·格林,鲁斯·佩特.青少年长跑训练: 第3版 [M]. 沈兆喆,王雄译. 北京: 人民邮电出版社, 2016.

[15] 罗宾·S.维莱, 梅利莎·A.蔡斯.青少年体育运动指导与实践 [M]. 徐建方,王雄译. 北京: 人民邮电出版社, 2017.

[16] 斯蒂芬·J.维尔吉利奥.儿童身体素质提升指导与实践: 第2版 [M]. 王雄译. 北京: 人民邮电出版社, 2017.

[17] 威廉·J.克雷默, 史蒂文·J.弗莱克.青少年运动员力量训练: 第2版 [M]. 王雄, 徐建方译. 北京: 人民邮电出版社, 2018.

[18] 艾弗里·D.费根鲍姆, 韦恩·L.威斯克.青少年力量训练: 针对身体素质、健身和运动专项的动作练习和方案设计 [M]. 王雄, 徐建方译. 北京: 人民邮电出版社, 2018.